A VERDADE DE CABEÇA PARA BAIXO

A VERDADE DE CABEÇA PARA BAIXO

Sabedoria incomum nos paradoxos da Bíblia

Warren W. Wiersbe

Santo André, SP
2017

Copyright © 2016 by Warren W. Wiersbe
Originally published in English under the title
Truth on Its Head: Unusual Wisdom in the Paradoxes of the Bible
Originating Publisher: Weaver Book Company, 1190 Summerset Drive, Wooster, Ohio 44691, USA
All rights reserved.

Editor responsável
Marcos Simas

Supervisão editorial
Maria Fernanda Vigon

Tradução
José Fernando Cristófalo

Preparação de texto
Cleber Nadalutti

Diagramação
Clara Simas

Revisão
João Rodrigues Ferreira
Carlos Buczynski
Nataniel dos Santos Gomes
Arthur Pinto Souza

Citações bíblicas da Nova Versão Internacional - NVI©

Todos os direitos desta obra pertencem à Geográfica Editora.
Qualquer comentário ou dúvidas sobre este produto escreva para:
produtos@geografica.com.br

W648v	Wiersbe, Warren W.

A verdade de cabeça para baixo: sabedoria incomum nos paradoxos da Bíblia / Warren W. Wiersbe. Traduzido por José Fernando Cristófalo. – Santo André: Geográfica, 2017.

136p. ; 16x23cm.
ISBN 978-85-8064-204-9
Título original: Truth on its head: xunusual wisdom in the paradoxes of the Bible.

1. Bíblia. 2. Hermenêutica. 3. Paradoxos da Bíblia. I. Título. II. Cristófalo, José Fernando.

CDU 22.06

Catalogação na publicação: Leandro Augusto dos Santos Lima – CRB 10/1273

Este produto possui 136 páginas impressas em papel pólen bold 70g
e em formato 15,6x23cm (essa medida pode variar em até 0,5cm)

código 80398 - CNPJ 44.197.044/0001 - S.A.C. 0800-773-6511

Sumário

Sumário	v
Prólogo	vii
Paradoxo 1: O alegre temor do Senhor	1
Paradoxo 2: Quando somos fracos, então somos fortes	9
Paradoxo 3: Quanto mais damos, mais recebemos	19
Paradoxo 4: Quando nos humilhamos, Deus nos exalta	27
Paradoxo 5: Nossa loucura nos leva à sabedoria de Deus	37
Paradoxo 6: Avançando pela inércia	47
Paradoxo 7: Temos de perder a nossa vida para salvá-la	57
Paradoxo 8: Quando a luz se transforma em trevas	65
Paradoxo 9: Desconhecidos, apesar de bem conhecidos	73
Paradoxo 10: Entristecidos, mas sempre alegres	81
Paradoxo 11: Liderando pelo serviço	89
Paradoxo 12: Conhecendo o amor que excede todo conhecimento	97
Paradoxo 13: Vemos o invisível	105
Paradoxo 14: Perdendo o que você nunca teve	113
Paradoxo 15: O jugo que liberta	119

Prólogo:
A contradição se transforma em iluminação

Um paradoxo é uma afirmação que atrai a nossa atenção exatamente por parecer contraditória. Ela suscita a nossa curiosidade e nos intriga. Porém, à medida que meditamos nela, nos aprofundamos em alguma área importante da vida e aprendemos algo novo. Os paradoxos são instrumentos maravilhosos.

"Nada é mais bem-sucedido que o sucesso", diz um conhecido ditado, mas e quanto a "Nada falha como o sucesso"? Li essa afirmação no primeiro capítulo do livro de G. K. Chesterton, *Hereges*. Chesterton utilizou um paradoxo para atrair a minha atenção e despertar a minha curiosidade. Hillel, o famoso rabino do século I, escreveu: "Minha humilhação é a minha elevação; minha elevação é a minha humilhação." Essa frase muito se assemelha à afirmação de nosso Senhor: "Pois todo o que se exalta será humilhado, e o que se humilha será exaltado" (Lc 14.11).

Nosso Pai celestial deseja que todos os seus filhos progridam na vida cristã, e todo cristão verdadeiro deveria ter como alvo maior obedecer a Deus e amadurecer. Pedro, o apóstolo, escreveu estas palavras de admoestação aos seus leitores: "Cresçam, porém, na graça e no conhecimento de nosso Senhor e Salvador Jesus Cristo" (2Pe 3.18). Se queremos glorificar ao Criador, então, devemos crescer. De acordo com o apóstolo João, a família de Deus é constituída de "filhinhos... pais... e jovens" (1Jo 2.12-14). E, embora todos os que creem em Jesus sejam "filhinhos" de Deus, é preciso considerar com seriedade a advertência presente em Hebreus 5.12-14, e crescer da infância para a maturidade espiritual. Não mais papinha de bebê! Alimento sólido é a dieta para os santos maduros. Jesus deseja que passemos do "fruto" para "mais fruto" e, ainda, para "muito fruto" (Jo 15.1-8). Por quê? "Meu Pai é glorificado pelo fato de vocês darem muito fruto" (v. 8). Em nossa vida cristã, somente conseguiremos progredir se fizermos o que se segue:

> obedecer aos preceitos de Deus,
> crer e reivindicar as promessas do Altíssimo,
> compreender os princípios do Criador e
> entrar nas profundezas dos paradoxos do Pai.

Os preceitos são mandamentos e instruções concedidos a nós pelo Pai, a que devemos obedecer se almejamos agradá-lo e desfrutar de suas bênçãos. As promessas são encorajamentos que o Pai compartilha com seus filhos a fim de assegurar-lhes que ele jamais desviará os olhos deles enquanto confiarem e obedecerem. Tanto os preceitos quanto as promessas são fundamentados nos princípios encontrados no caráter e nos propósitos do Senhor. Por ser santo, Deus deseja que também sejamos santos (Lv 19.2; 20.7; 1Pe 1.15-16). E, se andarmos em obediência, ele nos abençoará e nos capacitará a abençoar os outros.

A palavra "paradoxo" pode não ser tão familiar a você quanto são termos como "preceitos", "promessas" e "princípios", mas é igualmente importante. Os paradoxos expressam verdades que nos ajudam a ir mais fundo na Palavra de Deus. O pregador escocês, George H. Morrison, afirmou: "Pois o homem não vive por mistérios reconciliadores; ele vive por mistérios que não pode reconciliar."[1] Se você der uma olhada no conteúdo desta obra, verá o que quero dizer. Como obtemos força da fraqueza? Honra da humildade? E progresso da inércia? Todos são paradoxos – *e eles funcionam!* Em 2Coríntios 6.9-10, Paulo, inspirado pelo Espírito Santo, escreveu uma série de paradoxos: como desconhecidos, apesar de bem conhecidos; como morrendo, mas eis que vivemos;

> espancados, mas não mortos;
> entristecidos, mas sempre alegres;

---

[1] MORRISON, George H.. *The Weaving of Glory*. Londres: Hodder and Stoughton, 1913, p. 245.

pobres, mas enriquecendo a muitos;
nada tendo, mas possuindo tudo.

Ao ouvirem a leitura destas palavras durante a reunião em sua igreja, os cristãos de Corinto devem ter tido a atenção atraída e a curiosidade despertada. Eles devem ter se perguntado: "Como podemos morrer e viver ao mesmo tempo, ou estar tristes, porém sempre alegres?"; "Se sou pobre, como posso enriquecer os outros? Se nada possuo, como posso dizer que tenho tudo?" Os paradoxos atraem a nossa atenção, desafiam a nossa fé, provocam-nos a ir mais fundo em nossa reflexão e a ser mais sábios em nosso questionamento. Eles nos levam a verdades que, se agirmos com base nelas, nos auxiliarão a deixarmos a nossa infância espiritual rumo às bênçãos da maturidade cristã. O conhecido filósofo, Alfred North Whitehead, escreveu: "Um choque de doutrinas não é um desastre – é uma oportunidade."[2] Para o cristão, uma aparente contradição em um paradoxo é um desafio que leva ao crescimento. Que oportunidade ímpar!

Em minha leitura rotineira, tanto de literatura nova quanto de antiga, com frequência encontro paradoxos. Em 5 de dezembro de 1856, o naturalista americano, Henry David Thoreau, escreveu em seus registros: "A maior vantagem de todas é não ter vantagem nenhuma. Invariavelmente descubro ser isso verdadeiro, quanto mais pobre sou, mais rico me torno." George Orwell, no capítulo 10 de sua famosa obra, *A revolução dos bichos*, escreveu um inteligente (e notável) paradoxo: "Todos os animais são iguais, mas alguns animais são mais iguais do que os outros." Durante uma entrevista a um periódico, uma jovem atriz de Hollywood declarou: "Bem lá no fundo, eu sou muito superficial." O ensaísta americano, Ralph Waldo Emerson, escreveu: "Deus esconde as coisas colocando-as perto de nós."

Mesmo a televisão traz a sua contribuição. Após uma reportagem sobre a guerra no Vietnã, o conhecido analista de notícias, Edward R. Murrow, disse: "Quem não está confuso não compreende realmente a situação." Por fim, um versado teólogo afirmou: "Todos somos livres para fazer o que precisamos."

Nos próximos capítulos, irei abordar quinze paradoxos bíblicos e tentarei mostrar o que eles significam e como podem nos auxiliar a crescermos espiritualmente em cada área da vida. Porém, mantenha a sua Bíblia sempre à mão para que possa ler os versículos que menciono, mas não transcrevo nesta obra. Cada citação é importante. Portanto, não as ignore.

---

2 WHITEHEAD, Alfred North. *A ciência e o mundo moderno*. São Paulo: Paulus Editora, 2006, p. 264.

O título desta obra foi escolhido a partir da afirmação do ensaísta britânico, G. K. Chesterton, que definiu o paradoxo como sendo a "verdade de cabeça para baixo para chamar a atenção".

Paradoxo 1

O alegre temor do Senhor

Adorem ao SENHOR com temor; exultem com tremor. (Sl 2.11)

Louvem-no, vocês que temem o SENHOR! Glorifiquem-no, todos vocês, descendentes de Jacó! Tremam diante dele, todos vocês, descendentes de Israel! (Sl 22.23)

Abençoará os que temem o SENHOR, do menor ao maior. (Sl 115.13)

Pois como os céus se elevam acima da terra, assim é grande o seu amor para com os que o temem... Como um pai tem compaixão de seus filhos, assim o SENHOR tem compaixão dos que o temem. (Sl 103.11, 13)

Aleluia! Como é feliz o homem que teme o SENHOR. (Sl 112.1)

Como é feliz quem teme o SENHOR, quem anda em seus caminhos! (Sl 128.1)

O temor do SENHOR é o princípio da sabedoria, e o conhecimento do Santo é entendimento. (Pv 9.10)

O temor do SENHOR conduz à vida: Quem o teme pode descansar em paz, livre de problemas. (Pv 19.23)

> *E ele se inspirará no temor do SENHOR.* (Is 11.3)

> *A sua misericórdia estende-se aos que o temem, de geração em geração.* (Lc 1.50)

Quando éramos cristãos jovens, exultávamos na alegria do Senhor. Afinal, nossos pecados haviam sido perdoados, estávamos nos aprofundando no conhecimento das Escrituras e o Espírito Santo nos capacitava a andar em vitória. Tínhamos certeza de que essa nova e inspiradora vida jamais mudaria — mas, de fato, mudou!

Se a nossa fé deve crescer e se fortalecer, ela tem de ser testada. E, assim, as tentações e tribulações nos confrontam quando o mundo, a carne e o diabo se opõem a nós (Ef 2.1-3; 1Jo 2.15-17). Às vezes, perdemos a vitória e, de maneira deliberada, desobedecemos a Deus. Então, confessamos nossos pecados e, com sinceridade de coração, oramos: "Devolve-me a alegria da tua salvação" (Sl 51.12). Reivindicamos 1Jo 1.9 e nos levantamos para um novo recomeço.

No entanto, o nosso inimigo não quer que sejamos alegres, de modo que ele passa a nos acusar (Zc 3.1-5; Ap 12.10). O opositor almeja que a recordação de nossos pecados nos perturbe, nos desencoraje e nos deixe preocupados com as consequências. Ao nos tentar, Satanás sussurra em nossos ouvidos: "Não se preocupe, você vai se safar dessa!" Porém, após pecarmos, ele grita: "Você *jamais* vai se safar do que fez!" Então, o temor do Senhor começa a agir e passamos a questionar se o Pai vai nos castigar. A alegria e o temor do Senhor devem ser substituídos pelo *alegre temor do Senhor*.

Assim, vamos refletir sobre o que significa experimentar continuamente o alegre temor em vez de andar numa montanha-russa de alegria e temor — um dia lá em cima; no outro, lá embaixo.

A alegria do Senhor

Jesus foi um homem de tristezas (Is 53.3), mas igualmente era um homem de alegrias (Jo 15.11). Citei este fato há alguns anos, em uma mensagem durante uma conferência bíblica de verão. Após a reunião, uma senhora idosa postou-se à minha frente e me repreendeu energicamente por aquela afirmação. Ela estava certa de que Cristo não era alegre e de que eu estava distorcendo as Escrituras. Então, mostrei-lhe João 15.11 e 16.20-24, além de Lucas 10.17-24. "Se Jesus não tivesse alegria, como poderia dá-la aos seus discípulos e a nós?" Ela deu meia-volta e se afastou, batendo os pés, indignada com a minha ignorância. Se havia algum cristão que necessitava de alegria, com certeza era essa senhora!

Como filhos amados de Deus, somos abençoados com o júbilo do Altíssimo e não dependemos da felicidade transitória deste mundo, que resulta primariamente dos acontecimentos. Se as circunstâncias que nos cercam são positivas, então estamos felizes. Se elas não nos favorecem, sentimo-nos infelizes e começamos a reclamar. A alegria do Senhor é algo totalmente diferente da mera felicidade. As pessoas do mundo podem experimentar a felicidade, porém apenas os que creem genuinamente em Jesus Cristo podem desfrutar dessa alegria mais profunda e satisfatória que há no Senhor (Lc 1.47; Fp 3.1; 4.4,10). Essa alegria depende do Espírito Santo em nosso interior e não do que ocorre exteriormente, ao nosso redor. A obra do Espírito é fazer crescer em nós o fruto dele, que inclui a alegria (Gl 5.22). É um sentimento produzido pelo Pai, porque "a alegria do SENHOR os fortalecerá" (Ne 8.10). A nossa alegria é concedida pelo Filho (Jo 15.11; 16.20-24) e alimentada pelo Espírito (1Ts 1.6; Gl 5.22).

A alegria do Senhor é lindamente ilustrada nas chamadas três parábolas dos perdidos e achados, em Lucas 15. O pastor regozijou-se por encontrar a sua ovelha perdida, igualmente a mulher por encontrar a sua moeda perdida, bem como o pai com o retorno do filho pródigo à sua casa. E todos, sem exceção, compartilharam a alegria que sentiam com os outros. Até mesmo os anjos no céu se alegram quando um pecador é salvo (Lc 15.7, 10)! Não deveríamos também nos alegrar por termos um Pastor que cuida de nós e um Pai que nos ama, nos perdoa e prepara um banquete para nós? Do interior de uma prisão, Paulo escreveu: "Alegrem-se sempre no Senhor. Novamente direi: alegrem-se!" (Fp 4.4; veja 3.1; 4.10). Pedro descreve a nossa alegria como sendo "indizível e gloriosa" (1Pe 1.8). Nós a vivenciamos, porém nem sempre conseguimos explicá-la! "Tu me farás conhecer a vereda da vida, a alegria plena da tua presença", escreveu Davi (Sl 16.11), e um salmista anônimo regozijou-se pelo fato de o Altíssimo reinar de seu trono celestial (Sl 67.3-4).

Além da nossa própria salvação e da alegria de levar outros a Cristo, há muitas outras razões para nosso júbilo! Nós "nos gloriamos na esperança da glória de Deus" (Rm 5.1-2; veja 12.12) e nas bênçãos da Palavra de Deus (Sl 19.8; 119.14, 92, 111,162). "Quando as tuas palavras foram encontradas eu as comi; elas são a minha alegria e o meu júbilo, pois pertenço a ti, SENHOR Deus dos Exércitos" (Jr 15.16). Sempre que me vejo envolvido em dolorosas circunstâncias, encontro encorajamento e alegria nas promessas de Deus, assim como os cristãos em Tessalônica (1Ts 1.6). Toda vez que semeamos a

Palavra de Deus, temos a promessa divina de que, um dia, colheremos com alegria (Sl 126.5-6). Imagine agora o júbilo de obter uma resposta de oração (Jo 16.24)! Nosso coração deveria estar cheio de alegre louvor em todo o tempo (Sl 33.1-5; 98.4-6)! Jesus deseja que nossa vida esteja repleta de seu júbilo (Jo 17.13), e assim será se vivermos para alegrá-lo.

No capítulo 17 de sua obra *Oração: cartas a Malcolm*, C. S. Lewis define a alegria como "um assunto levado a sério no céu". No fim das contas, o pecado acarreta apenas tristeza e arrependimento, que é a única razão pela qual Jesus morreu pelos pecadores. A fé em Jesus Cristo nos concede não somente o perdão de nossos pecados, como também a alegria de conhecer a vontade do Criador, o poder de obedecer a ela e a recompensa de saber que estamos agradando ao soberano Deus. Tudo o que o Pai, o Filho e o Espírito Santo têm dito e feito possui apenas um objetivo: a fim de termos vida eterna e abundante, bem como nos regozijarmos em cumprir a vontade de Deus. Lewis estava certo: a alegria é "um assunto levado a sério no céu". É nesse "assunto" que estamos envolvidos?

O temor do Senhor

O temor do Senhor é aquele reverente respeito por Deus, que é fruto não do terror, mas do conhecimento, do amor e da fé. Quanto melhor conhecemos o Criador, tanto mais amamos e confiamos nele e mais desejamos agradá-lo. Na vida espiritual, a alegria sem o temor pode ser superficial e descompromissada, enquanto o temor sem a alegria pode se tornar destrutivo. O terror nos paralisa, porém o temor piedoso nos energiza. Mesclado com alegria, o temor piedoso constitui uma grande fonte de poder. "Portanto, já que estamos recebendo um Reino inabalável, sejamos agradecidos e, assim, adoremos a Deus de modo aceitável, com reverência e temor, pois o nosso 'Deus é fogo consumidor!'" (Hb 12.28-29). Sem um apropriado temor do Senhor, como podemos servi-lo de modo aceitável?

Desde a mais tenra idade, aprendi com meus pais e meus professores a importância de obedecer às ordens que eles me transmitiam. Se me rebelasse, poderia ser disciplinado, porém, pior que isso: perderia uma oportunidade de aprender e progredir no processo de amadurecimento. O respeito à autoridade escancara as portas para um aprendizado efetivo e um viver eficaz. As frases "o temor do Senhor" e "o temor de Deus" possuem mais de uma centena de referências nas Escrituras. Os cristãos da igreja primitiva andavam no temor do Senhor, e assim também deveríamos andar — e estar felizes por isso (At

9.31; Hb 12.28-29). Em certo sentido, a expressão "o temor do Senhor" é equivalente a "fé no Senhor". Após o povo de Israel ter atravessado o mar Vermelho, o temor transformou-se em fé e, por sua vez, a fé transformou-se em alegria. "Israel viu o grande poder do SENHOR contra os egípcios, temeu o SENHOR e pôs nele a sua confiança, como também em Moisés, seu servo" (Êx 14.31). A seguir, Israel irrompeu a cantar e louvar alegremente ao Altíssimo (Êx 15).

Se há uma coisa ausente de nossas igrejas hoje é a reverência pelo soberano Senhor, um santo assombro, um genuíno temor de Deus. Quando Israel chegou ao monte Sinai, o Criador demonstrou a sua majestade e glória, fazendo tremer a Moisés, bem como a todo o povo (Êx 19). Assim como as crianças devem aprender a respeitar aos pais, os estudantes, aos professores, bem como os militares, aos oficiais, igualmente os filhos do Altíssimo devem aprender a respeitar e honrar ao Senhor *para que possam crescer no amor de Deus!* Após listar as ímpias atividades do mundo pecaminoso (Rm 3.10-17), o apóstolo Paulo explicou por que homens e mulheres vivem daquele jeito: "Aos seus olhos é inútil temer a Deus" (Rm 3.18). Davi principiou o Salmo 36 com essas mesmas palavras, citadas por Paulo.

Não há qualquer temor de julgamento que faça as pessoas correrem e se esconderem, tal como Adão e Eva, após pecarem (Gn 3.10). Inexiste o medo do desconhecido como experimentado pelo povo de Israel ao pé do monte Sinai (Êx 19). Em nosso mundo de maravilhas tecnológicas, achamos que conhecemos e controlamos todas as coisas. Então, do nada, surgem os furacões e tornados, fazendo-nos correr em busca de um refúgio e apelar às orações. Como diz o velho ditado, você pode correr, mas não pode se esconder! "Tema a Deus e obedeça aos seus mandamentos, porque isso é o essencial para o homem" (Ec 12.13). Porém, o temor daquele que é filho de Deus não deve ser do tipo *Será que Deus me castigará?*, mas sim *Estou desagradando a Deus e impedindo a sua obra?* A nossa desobediência entristece o Espírito Santo (Ef 4.30), assim como a obstinada desobediência dos filhos magoa o amoroso coração de seus pais. Trata-se de uma jubilosa experiência na vida familiar quando os filhos começam a se questionar *"Irei magoar os outros se fizer isso?"*, ao invés de *"Os outros irão me magoar?"*

"O temor do SENHOR é o princípio da sabedoria, e o conhecimento do Santo é entendimento" (Pv 9.10). *Conhecer e respeitar os instrutores é tão importante quanto conhecer e receber as lições que eles ensinam.* O conhecimento lida, primariamente, com pessoas, lugares, coisas, fatos e eventos, mas a sabedoria reúne tudo isso e revela valores, princípios e verdades. De fato, é de extrema importância conhecer o quem, o que, o quando e o onde da vida; porém, igualmente, precisamos conhecer o porquê e o como. A sabedoria é o correto uso do conhecimento para a edificação do caráter e de uma vida bemsucedida. Uma de minhas canecas de café traz a seguinte inscrição: "A reputação pode se formar em um instante. O caráter leva a vida toda." Permita-me reformulá-la: "O caráter é formado durante toda uma vida de experiência, conhecimento e sabedoria." Contanto que conheçamos o Senhor e confiemos nele, uma vida de experiência e conhecimento produzirá sabedoria e caráter. Podemos ser espertos e, assim mesmo, cometer erros estúpidos repetidamente, mas se tivermos sabedoria, agiremos de maneira correta.

Deus abençoa e usa os que compreendem o temor de Deus, pois pelo "temor do SENHOR o homem evita o mal" (Pv 16.6). "O temor do SENHOR conduz à vida: Quem o teme pode descansar em paz, livre de problemas" (Pv 19.23). "O SENHOR confia os seus segredos aos que o temem, e os leva a conhecer a sua aliança" (Sl 25.14). O Salmo 112 estabelece algumas das bênçãos a serem concedidas à pessoa que "teme o SENHOR e tem grande prazer em seus mandamentos" (Sl 112.1). Certa vez, acompanhei a exposição do falecido Dr. V. Raymond Edman, ex-presidente do Wheaton College, Illinois, sobre este salmo. Ele definiu o temor do Senhor como "o medo que afasta todos os outros medos". E ele está certo! Leia atentamente o Salmo 112 e você irá concordar.

O alegre temor do Senhor

Graças ao paradoxo, o temor reverente e a alegre bênção podem ser parceiros e trabalhar em conjunto para tornar cada cristão um filho de Deus maduro e confiável. Nas Escrituras, com frequência, encontramos a alegria e o temor em mútua cooperação. O Salmo 95 principia com regozijo (vv. 1-5) e termina com adoração e o temor de Deus (vv. 6-11). Em Isaías 11.3, lemos: "E ele se inspirará no temor do SENHOR." Em sua carta à igreja de Filipos, Paulo menciona a palavra alegria, pelo menos, dezoito vezes e, não obstante, ele dá aos cristãos a seguinte instrução: "ponham em ação a salvação de vocês com temor e tremor" (Fp 2.12). Ele mesmo exulta e, no mesmo capítulo, lamenta sobre o descuido de alguns cristãos (Fp 3.18).

Como o povo de Deus pode encontrar o adequado equilíbrio entre o temor e a alegria do Senhor? Precisamos conhecer a Palavra, confiar nela e nos rendermos ao Espírito Santo, permitindo que ele nos preencha e opere em nossa vida. As Escrituras são ricas em narrativas sobre pessoas de Deus que experimentaram o alegre temor do Senhor, começando com Abraão, que ofertou o próprio filho Isaque (Gn 22; Hb 11.17-19), e encerrando com o livro de Apocalipse, onde, por 26 vezes, encontramos Jesus, o Cordeiro, mas também Jesus, o Leão (Ap 5.6; 6.16-17). O Cordeiro morreu por nossos pecados, porém os que se opõem a ele descobrem que o Cordeiro também é o Leão que pune os pecadores rebeldes.

O próprio Senhor demonstra o equilíbrio entre a alegria e o temor. Na transfiguração, Jesus estava radiante com a glória celestial enquanto discutia com Moisés e Elias sobre a morte na cruz que se aproximava (Lc 9.30-31). Jesus sofreu grandemente na cruz, porém, não obstante, pela fé, agarrou-se à "alegria que lhe fora proposta" (Hb 12.2; veja Jd 24). O salmo da crucificação (Sl 22) reúne temor e louvor (vv. 22-26). O equilíbrio entre sofrimento e glória é um dos principais temas da primeira epístola de Pedro. O apóstolo ensina que a igreja de Jesus Cristo, em sua época, rumava em direção a uma severa oposição e uma perseguição oficial. Assim, ele instrui os cristãos sobre como estarem preparados para esse período. Se não estivermos preparados para enfrentar o implacável julgamento de 1Pedro 4.12-19, como podemos experimentar a alegria descrita por Jesus em Mateus 5.11-12? Creio que a igreja atual necessita dessa mensagem.

Igualmente, os discípulos de nosso Senhor demonstram o equilíbrio entre a alegria e o temor de Deus. Ao lermos o livro de Atos, é possível aprender como os primeiros cristãos superaram a perseguição para a glória do Altíssimo. O objetivo primário da vida deles era exaltar a Jesus Cristo e proclamar o evangelho (At 4.20). Mesmo que os seus ministérios resultassem em espancamentos, aprisionamentos e até martírios, aqueles cristãos aceitavam a vontade de Deus e buscavam glorificá-lo (At 4.1-22). Diariamente, eles se devotavam à Palavra do Senhor e à oração (At 6.4), e dependiam da plenitude do Espírito a fim de obterem o poder e a sabedoria de que tanto necessitavam. Com ousadia, eles mantinham as suas posições pela verdade de Deus (At 4.21-31). Porém, receio pelos ministérios atuais, marcados pela ausência de perseverante oração e corajoso testemunho, sobremaneira enfraquecidos na luta para vencer o inimigo e para alcançar os perdidos. Não estamos preparados para enfrentar o fogo (1Pe 4.12). O mártir alemão, Dietrich Bonhoeffer, definiu o cristão como "alguém que compartilha os sofrimentos de Deus neste mundo". Essa definição nos descreve?

Com certeza, a noção de alegre temor constitui um paradoxo, mas não uma impossibilidade.

Abençoados são os equilibrados!

Paradoxo 2

Quando somos fracos, então somos fortes

Para impedir que eu me exaltasse por causa da grandeza dessas revelações, foi-me dado um espinho na carne, um mensageiro de Satanás, para me atormentar. Três vezes roguei ao Senhor que o tirasse de mim. Mas ele me disse: "Minha graça é suficiente para você, pois o meu poder se aperfeiçoa na fraqueza." Portanto, eu me gloriarei ainda mais alegremente em minhas fraquezas, para que o poder de Cristo repouse em mim. Por isso, por amor de Cristo, regozijo-me nas fraquezas, nos insultos, nas necessidades, nas perseguições, nas angústias. Pois, quando sou fraco é que sou forte.
(2Co 12.7-10)

Alguém definiu o segredo como algo que você repete a uma pessoa de cada vez. Talvez essa definição possa se aplicar a algumas pessoas, mas não ao apóstolo Paulo. Por quatorze anos, ele manteve um segredo escondido em seu coração (2Co 12.1-4), e a única razão pela qual ele, por fim, o revelou foi para defender o seu ministério. Paulo estava sendo alvo de ataques por parte de agitadores na igreja em Corinto, pessoas que colocavam em dúvida a autoridade apostólica dele. Paulo havia sido arrebatado ao céu e trazido de volta, porém jamais havia revelado isso até então! Para evitar que o apóstolo se tornasse orgulhoso por causa dessas notáveis experiências, o Senhor deu-lhe "um espinho na carne". Ninguém sabe ao certo o que significava esse espinho — e a especulação de nada serve. O mais importante é saber como Deus lidou com Paulo, porque essa talvez seja a maneira de o Criador lidar conosco.

Problemas inesperados (2Co 12.7)

Certo amigo, que ministrou na China, contou-me a respeito de um cristão chinês que foi nomeado ancião em uma das igrejas locais. Quando o pastor estava na cidade, esse presbítero era de grande auxílio. No entanto, quando o pastor saía em suas muitas viagens evangelísticas, a personalidade daquele ancião mudava radicalmente, criando problemas sérios naquela comunidade. Quando o pastor retornava, o presbítero voltava ao normal. Por fim, aquele homem confessou o pecado que estava minando a vida dele e daquela igreja — o orgulho. Ele declarou:

— Quando fui ordenado, Satanás sussurrou em meu ouvido: "Agora, você é alguém importante." E eu acreditei nele. O orgulho tomou conta de mim. Parei de ser um ministro e tornei-me uma ameaça.

Deus libertou aquele homem e ele procurou reparar os danos que havia causado.

Durante a sua conversão, Paulo viu Jesus em glória e ouviu-o falar (At 9.1-9), e sua visita posterior ao céu foi uma experiência mais extraordinária ainda. Como qualquer cristão, ele poderia ter se tornado orgulhoso, mas Deus impediu-o de gabar-se. Às vezes, o Senhor nos castiga por pecados passados (Hb 12.3-11), porém há ocasiões em que o Criador nos disciplina a fim de *prevenir um pecado futuro*. Há momentos em que me pergunto por que o Senhor permitiu que certos eventos dolorosos ocorressem em minha vida, mas eu os compreenderei plenamente quando chegar ao céu. Paulo conhecia a razão pela qual Deus lhe havia concedido esse espinho na carne: "Para impedir que eu me exaltasse" (2Co 12.7). Observe que Paulo repete a afirmação. De fato, ele captou a mensagem!

Após obtermos um relativo sucesso na vida, torna-se fácil incorrermos no orgulho e no excesso de confiança em nossas próprias habilidades. O rei Uzias, de Judá, foi grandemente ajudado pelo Senhor e "tornou-se muito poderoso e sua fama espalhou-se para longe. Entretanto, depois que Uzias se tornou poderoso, o seu orgulho provocou a sua queda" (2Cr 26.15-16). "O orgulho vem antes da destruição; o espírito altivo, antes da queda" (Pv 16.18). Deus ainda tinha trabalho para Paulo fazer, por isso enviou um espinho para mantê-lo humilde, e funcionou! *A força que sabe que é força torna-se em fraqueza, mas a fraqueza que reconhece ser fraqueza transforma-se em força.*

Uma experiência similar quase impediu que o jovem José desfrutasse o melhor do Criador em sua vida. Ele era um jovem piedoso, inteligente e em contato com o Senhor, porém não sabia como lidar com as verdades que Deus estava compartilhando com ele (Gn 37, 39). Corria o risco de se tornar orgulhoso. Assim, o Altíssimo enviou José ao Egito como escravo, e lá ele foi muito bem-sucedido, mas, então, Deus o colocou em uma prisão a fim de sofrer e estar preparado para servir posteriormente como o segundo governante naquela terra. "Humilhem-se diante do Senhor, e ele os exaltará" (Tg 4.10). Se aceitarmos as inesperadas dificuldades que, com a permissão de Deus, ocorrem em nossa vida, sairemos da fraqueza para a força e glorificaremos o seu nome. Contudo, se escolhermos depender de nossa própria sabedoria e habilidades para traçar o nosso caminho, apenas faremos crescer a nossa fraqueza. A força que sabe que é força torna-se fraqueza, mas a fraqueza que reconhece ser fraqueza transforma-se em força *se confiarmos totalmente no Senhor*. Quando Paulo foi ministrar em Corinto pela primeira vez, ele estava subjugado pela fraqueza, pelo temor e pelo tremor. Sua pregação não foi igual à oratória dos populares mestres pagãos daquela cidade, porém simples e compassiva. O apóstolo não queria que as pessoas se impressionassem com *ele*, Paulo, mas com Jesus, e que confiassem no Senhor (veja 1Co 2.1-5). Ele pregou aos cristãos o seguir a Cristo e imitá-lo. Paulo não era nenhuma celebridade, mas um servo de Jesus.

Nosso Pai celestial sabe como equilibrar a nossa vida de modo que o sucesso não nos exalte ou a dor e o fracasso não nos derrotem. Jesus "foi crucificado em fraqueza, mas vive pelo poder de Deus" (2Co 13.4). Podemos nos gloriar na cruz porque Cristo transformou a sua aparente fraqueza e derrota em poder e vitória (1Co 1.18-2.8; Cl 2.15; Gl 6.14). Por ser um homem que passou por muitas tribulações e enfermidades, Paulo identificou-se com o sofrimento de Jesus, e isso trouxe poder à sua vida. É algo que não conseguimos explicar, mas podemos vivenciar. Paulo reconhecia que ainda não havia alcançado a perfeição na vida cristã, mas prosseguia em busca desse alvo (Fp 3.12). Sempre que tenho a tola ideia de que já cheguei lá, sou lembrado pelo Pai de que ainda tenho um longo caminho a trilhar. E seus lembretes são difíceis de ignorar! (Em geral, sou humilhado por meu computador). Quando admito as minhas debilidades, então Deus manifesta a sua força.

É impossível antecipar quando dores e problemas inesperados surgirão em cena ou quais bênçãos o Pai tem reservado a nós. Pela fé caminhamos, não por vista, mas podemos ter certeza de que Deus jamais nos abandonará.

Orações sem resposta (2Co 12.8)

A ausência de respostas por parte do Criador deve ter perturbado Paulo bastante, pois o apóstolo era um homem de fé que sabia como orar na vontade de Deus (Rm 8.26-28). Quando o Senhor instruiu Ananias a encontrar Paulo, batizá-lo e a restaurar sua visão, ele acrescentou: "Ele está orando" (At 9.11). Antes de sua conversão, Paulo perseguia o povo de Deus, mas agora ele estava orando ao Senhor e aguardando as ordens divinas.

Paulo iniciou a sua vida cristã em oração e assim prosseguiu até o fim. A exemplo de Jesus, no Getsêmani, por três vezes Paulo orou para que seu cálice de sofrimento fosse retirado dele e, como Jesus (Mc 14.35-41), ele aceitou a vontade de Deus. Em seu excelente comentário sobre a primeira carta de João, Robert Law escreveu: "O propósito da oração não é ter a vontade do homem feita nos céus, mas a vontade de Deus feita na terra." Durante a peregrinação rumo à Terra Prometida, a nação de Israel implorou ao Senhor que lhes desse carne para comer. "Deu-lhes o que pediram, mas mandou sobre eles uma doença terrível" (Sl 106.15; Nm 11). Em outras palavras, o povo obteve a resposta que desejava, *porém perdeu a bênção*. Deus não respondeu ao pedido de Paulo para remover o espinho, mas o Altíssimo satisfez as necessidades dele, concedendo-lhe a bênção que o capacitaria a prosseguir em seu ministério.

O apóstolo, sendo ele mesmo um homem de oração, encorajava os outros a orar, não se envergonhando de pedir as orações de seus amigos cristãos por ele (Rm 15.30-32; 2Co 1.8-11; Ef 6.19-20; Fp 1.19; 1Ts 5.25; 2Ts 3.1-2). Com frequência, medito nas orações de Paulo, presentes em suas cartas, e isso tem fortalecido a minha própria vida de oração. Independentemente de onde estava, o apóstolo orou sem cessar (Rm 1.9; 1Ts 1.3; 2.13; 5.17; 2Tm 1.3), quer seja na privacidade de uma casa (At 9.11), no templo (At 22.17), com líderes da igreja local (At 13.1-3; 20.36-38; 21.5), na prisão (At 16.25) ou dentro de um barco durante uma tempestade (At 27.35). Talvez Paulo tenha espelhado a sua vida de oração em Davi e Daniel, que também oravam de uma forma especial, três vezes ao dia (Sl 55.17; Dn 6.10).

Para Paulo, era perfeitamente natural pedir ao Criador a remoção daquele espinho. Quando enfrentamos problemas ou sentimos dor, é normal buscarmos o auxílio do Pai, pois a ordem do Senhor é lançarmos todas as nossas necessidades sobre ele (1Pe 5.7). Porém, igualmente benéfico é irmos ao lugar onde somos gratos pelas orações *sem resposta*. Por exemplo, Moisés perdeu o direito de entrar na Terra Prometida por ter desobedecido ao Senhor (Nm 20.1-13). Por diversas vezes, ele orou pedindo a Deus que revogasse essa proibição, porém Deus a manteve. Contudo, séculos depois, o Senhor concedeu a Moisés uma bênção ainda melhor ao permitir que ele e Elias participassem daquela gloriosa comunhão com Jesus, no monte da Transfiguração (Mt 17.1-13). Com certeza, esta é uma bênção adiada pela qual vale a pena esperar!

A oração não respondida pode significar que possuímos pecados escondidos em nossa vida que precisam ser confessados e perdoados (Sl 66.18), ou que não estamos orando conforme a vontade do Altíssimo. "Esta é a confiança que temos ao nos aproximarmos de Deus: se pedirmos alguma coisa de acordo com a sua vontade, ele nos ouve. E se sabemos que ele nos ouve em tudo o que pedimos, sabemos que temos o que dele pedimos" (1Jo 5.14-15). Tiago 4.15 nos instrui a orar: "Se o Senhor quiser..." Nós descobrimos a vontade do Criador enquanto esperamos diante dele, adorando-o, buscando nas Escrituras e afirmando que estamos dispostos a cumprir a sua vontade (Jo 7.17). Não me julgo suficientemente esperto para dizer ao Pai o que ele deveria fazer, mas creio ser inteligente o bastante para entregar o meu pedido a ele e dizer: "Seja feita a tua vontade" (Lc 22.42).

Poder ilimitado (2Co 12.9)

O Senhor não removeu o espinho na carne de Paulo, mas concedeu-lhe a graça de que o apóstolo necessitava para transformar aquele fardo em bênção. Mediante a sua graça, o Criador transformou fraqueza em força. Isso não significa que Paulo, agora, era capaz de *suportar* a dor, mas que ele foi capaz de *mencionar* a dor e fazê-la trabalhar *para* ele e não *contra* ele. O Senhor disse a Paulo: "Minha graça é suficiente a você, pois o meu poder se aperfeiçoa na fraqueza" (2Co 12.9). A palavra "graça" é usada dezesseis vezes na segunda carta de Paulo aos coríntios. Alguém fez um acrônimo com o termo em inglês GRACE*:

>**G**od's
>**R**esources
>**A**vailable to
>**C**hristians
>**E**verywhere

---

* N. do T.: A tradução do acrônimo para o português é: "Recursos de Deus Disponíveis aos Cristãos de Todo Lugar".

A graça de Deus é o amor dele em ação; satisfaz todas as necessidades e usa cada circunstância para nos edificar e para glorificar a Jesus. O Senhor não mede a nossa inabilidade, mas testa a nossa disponibilidade a fim de nos conceder a sua divina habilidade. "Mas graças a Deus, que sempre nos conduz vitoriosamente em Cristo" (2Co 2.14).

Na segunda carta aos coríntios, capítulos 2 e 3, as palavras "suficiente" e "suficiência" são importantes. Após referenciar a assim chamada parada do triunfo romano (2.12-16 — ARA), Paulo coloca a seguinte questão: "Quem, porém, é suficiente para estas coisas?" Quem é suficientemente idôneo para compartilhar a glória da vitória de Cristo? Quem é capaz de permanecer entre a vida e a morte enquanto compartilhamos o evangelho com os perdidos? Paulo responde em 2Coríntios 3.5-6 (ARA): "Não que por nós mesmos sejamos capazes de pensar alguma coisa, como se partisse de nós; pelo contrário, a nossa suficiência vem de Deus, o qual nos habilitou para sermos ministros de uma nova aliança." A vitória de Jesus garante a nossa suficiência, se confiarmos nele e buscarmos apenas glorificá-lo. Cristo é suficiente para suprir todas as nossas necessidades *espirituais*.

Conforme 2Coríntios 9.8, Cristo também é suficiente para suprir todas as nossas carências *materiais*. "E Deus é poderoso para fazer que lhes seja acrescentada toda a graça, para que em todas as coisas, em todo o tempo, tendo tudo o que é necessário, vocês transbordem em toda boa obra." Paulo estava recolhendo uma "oferta generosa" pelos cristãos judeus, em sofrimento na Terra Santa e, nesta passagem, ele encoraja os cristãos de Corinto a cumprir as suas promessas prévias, concretizando as suas contribuições. O dinheiro que damos ao Criador, destinado a ministrar as necessidades dos que creem e a evangelizar os que não creem, é um investimento na bênção eterna. (Entrarei em detalhes sobre isto no próximo capítulo). Durante os anos de nosso ministério, minha esposa e eu temos visto o Senhor multiplicar dons das formas mais variadas e maravilhosas possíveis, bem como satisfazer as nossas próprias necessidades e também daqueles de cujo sustento participamos.

Além das áreas espiritual e material, há uma terceira área de suficiência — a física. Como aprendemos com o texto de 2Coríntios 12, Paulo sofria com um doloroso problema físico que, apesar das fervorosas orações do apóstolo, foi de caráter permanente. Nada saberíamos sobre esse assunto caso Paulo não tivesse escrito a respeito dele aos santos de Corinto. No entanto, o Deus que satisfez as necessidades espirituais e financeiras também satisfez as necessidades físicas de Paulo! "Minha graça é suficiente para você, pois o meu poder se aperfeiçoa na fraqueza" (2Co 12.9).

Cuidar de nosso corpo físico é uma disciplina espiritual tanto quanto utilizar o nosso tempo ou investir o nosso dinheiro com sabedoria. O corpo do cristão não é apenas o templo de Deus (1Co 6.19-20), mas também é a ferramenta que o Criador usa para realizar a sua obra na terra (Rm 6.13; 12.1-2). O uso apropriado da alimentação, dos exercícios físicos, do descanso e da higiene é uma atividade mais espiritual do que o uso que fazemos de nosso tempo, nosso dinheiro e das oportunidades de ministério. À medida que envelhecemos, devemos aprender a ajustar os nossos horários, atividades e dietas a fim de conservarmos a nossa força e fazermos um bom uso das nossas oportunidades. A fraqueza de Deus é maior que a nossa força (1Co 1.25) e, se confiarmos em sua graça, ele nos auxiliará. "Todos recebemos da sua plenitude, graça sobre graça" (Jo 1.16).

Ao ler a Bíblia, você conhece a respeito de homens e mulheres que fizeram coisas extraordinárias para o Senhor porque não tinham confiança alguma na carne (Fp 3.3) ou em outras pessoas (Sl 118.8). Eles dependiam apenas da graça do Altíssimo e, por esta razão, Deus transformou a fraqueza deles em força (Hb 11.34). "Alguns confiam em carros e outros em cavalos, mas nós confiamos no nome do SENHOR nosso Deus" (Sl 20.7). Sempre que o Pai nos chama e nos ordena algo, ele graciosamente concede tudo o que precisamos para obedecer-lhe e servi-lo. Paulo gabou-se de sua fraqueza porque ela glorificava o Senhor, que transformava aquela fraqueza em poder (2Co 12.9). Quando estamos dispostos a nos esvaziarmos, permitindo que o Criador receba toda a glória, o Senhor, por sua vez, se dispõe a satisfazer cada necessidade, resolver cada problema e derrotar qualquer inimigo — da maneira e no tempo dele.

No idioma grego, há dois termos para a palavra "outro". Um significa "outro do mesmo tipo" (*allos*), e o segundo quer dizer "outro de um tipo diferente" (*heteros*). Quando Jesus falou aos discípulos sobre "outro Conselheiro" (Jo 14.15-18), a palavra usada no texto grego é *allos*, "outro do mesmo tipo". O que Cristo estava dizendo é que o Espírito Santo é, hoje, um Conselheiro *exatamente como Jesus foi para seus discípulos!* O mesmo Espírito Santo que ensinou e capacitou Pedro e outros discípulos está disponível para nos ministrar hoje, se assim o permitirmos. Pois, para nós, desobedecer ao Espírito e fazer as coisas do nosso próprio jeito significa entristecê-lo, além de perder a orientação e o poder de que tão desesperadamente necessitamos.

Contudo, devo acrescentar que, igualmente, precisamos que o Espírito nos auxilie a aquietarmo-nos e a esperarmos. "Mas aqueles que esperam no SENHOR renovam as suas forças. Voam bem alto como águias; correm e não ficam exaustos, andam e não se cansam" (Is 40.31). "... na quietude e na confiança está o seu vigor" (Is 30.15). Em muitas igrejas, ao invés de quietude e confiança, encontramos barulho e agitação, e Deus não é glorificado. Conheço cristãos que se desgastaram correndo de uma conferência a outra, de reunião em reunião, sem reservar tempo para descansar e meditar, tal como Jesus ordenou aos seus discípulos (Mc 6.31). Poder ilimitado está à nossa disposição, desde que esperemos no Senhor e nele confiemos, pois sua graça é sempre suficiente e eficiente. Enquanto aguardamos diante de Deus, ele permanece em ação a nosso favor, porque todas as coisas cooperam para o nosso bem e para a glória do Senhor.

Prazer inacreditável (2Co 12.10)

Como as pessoas podem ter prazer na dor? Elas sofrem de algum tipo de distúrbio mental ou emocional? Certamente, Paulo não era desequilibrado, tampouco desejava que não tivéssemos equilíbrio. É preciso prestar atenção ao contexto. Paulo conseguia regozijar-se em seus sofrimentos porque eles eram para o bem de Jesus, seu Salvador e Senhor. Qualquer sofrimento que suportamos por ele em nada se compara ao que Cristo sofreu por nós. O apóstolo não estava preocupado com o que as pessoas pensavam, mas com o que Jesus pensava. Esta era a "participação em seus sofrimentos" (Fp 3.10).

Uma mãe sente muita dor quando está em trabalho de parto, porém a alegria de dar à luz um filho transforma o sofrimento em prazer (veja João 16.2-22). Qualquer que seja a dificuldade que experimentemos pelo bem de Jesus, ele não apenas deve nos dar alegria hoje, como resultará em futura glória quando estivermos com nosso Senhor. "Amados, não se surpreendam com o fogo que surge entre vocês para prová-los, como se algo estranho lhes estivesse acontecendo. Mas alegrem-se à medida que participam dos sofrimentos de Cristo, para que também, quando a sua glória for revelada, vocês exultem com grande alegria" (1Pe 4.12-13). Sofrimento e glória caminham juntos na vida de um dedicado cristão, e como diz o hino: "Valerá a pena quando virmos Jesus."

No entanto, algo mais está envolvido: quando sofremos pelo bem de Jesus, *nos tornamos mais parecidos com ele!* Paulo nos assegura que "a tribulação produz perseverança; a perseverança, um caráter aprovado; e o caráter aprovado, esperança. E a esperança não nos decepciona, porque Deus derramou seu amor em nossos corações, por meio do Espírito Santo que ele nos concedeu" (Rm 5.3-5). O sofrimento trabalha *a nosso favor* e não contra nós porque o poder de Cristo repousa sobre nós (2Co 12.9). Que paradoxo! Nossa dor física pode produzir maturidade espiritual e nossa fraqueza pode produzir força! Durante os anos de nosso ministério itinerante, minha esposa e eu conhecemos alguns cristãos maravilhosos, em diversas partes do mundo, que ricamente ministraram a nós. Ficamos surpresos ao descobrir como muitos deles carregavam dolorosas cargas e decepções, mas o triunfo da fé que tinham concedia-lhes alegria e poder no ministério. Igualmente, encontramos heróis da fé escondidos nas igrejas as quais servimos.

Considere como Paulo lidou com seu espinho na carne e siga o seu exemplo:

- Olhou para o espinho na carne dele como um dom de Deus.
- Ele ouviu a mensagem do Altíssimo sobre o espinho.
- Aceitou a vontade do Senhor com respeito ao propósito do espinho.
- Ele dependeu da graça do Criador para conviver com o espinho.
- Experimentou força daquela fraqueza e alegria daquela dor.

Mais do que tudo, Paulo desejava que o poder de Cristo repousasse sobre ele (2Co 12.9). A palavra traduzida como *repouse sobre* está relacionada com o termo *tenda* e ilustra a protetora *nuvem de glória* de Deus, como no tabernáculo judaico e no monte da Transfiguração (Mt 17.5). O anjo Gabriel usou esta imagem ao falar com Maria: "e o poder do Altíssimo a cobrirá com a sua sombra" (Lc 1.35). O corpo de Maria seria o tabernáculo para a miraculosa concepção do Filho de Deus. O corpo do que crê constitui o templo do Senhor (1Co 6.19-20) e, quando nos entregamos a ele, somos usados e seu santo nome é glorificado. Sua nuvem de glória paira sobre nós, guiando-nos e nos protegendo, e nada temos a temer.

As aflições pessoais não devem ser um impedimento ao serviço cristão. Se estivermos firmados na graça de Deus (Hb 13.9) e mantivermos um acesso regular ao seu trono de graça (Hb 4.14-16), então, podemos servir a Deus enquanto ele nos guia. Philips Brooks assim expressou: "Não orem por vidas fáceis. Orem para serem homens e mulheres melhores. Não peçam por tarefas equivalentes às suas forças. Peçam por forças equivalentes às suas tarefas."

Paradoxo

3

Quanto mais damos, mais recebemos

Não cobicei a prata nem o ouro nem as roupas de ninguém. Vocês mesmos sabem que estas minhas mãos supriram minhas necessidades e as de meus companheiros. Em tudo o que fiz, mostrei-lhes que mediante trabalho árduo devemos ajudar os fracos, lembrando as palavras do próprio Senhor Jesus, que disse: "Há maior felicidade em dar do que em receber." (Atos 20.33-35)

Deem, e lhes será dado: uma boa medida, calcada, sacudida e transbordante será dada a vocês. Pois a medida que usarem, também será usada para medir vocês. (Lucas 6.38)

Duas importantes palavras no vocabulário do cristão são *abençoar* e *bênção*, não apenas quando adoramos e oramos, mas também quando damos. Porém, o que é uma bênção? A princípio, Paulo pensou que o seu espinho na carne fosse um doloroso fardo, mas isso se transformou exatamente na bênção que ele necessitava (2Co 12.7-10). José tinha certeza de que seu tempo de confinamento no Egito era um grande erro, mas descobriu que esse evento se encaixava perfeitamente na agenda de Deus quando foi declarado como o segundo governante naquela terra. O apóstolo Pedro se opôs à ida do Senhor para a cruz. Então, ele descobriu que a cruz era uma das maiores, senão a maior, de todas as bênçãos concedidas pelo Criador à humanidade.

Tudo o que o nosso Senhor é, diz ou faz e que nos edifica e nos auxilia a glorificá-lo constitui uma bênção proveniente da mão de Deus. Ser abençoado é conhecer e poder compartilhar do caráter, da Palavra e das obras do Criador, porém bênção maior ainda é permitir que eles trabalhem em nossa vida de modo a ajudar os outros. À medida que caminhamos com o Senhor, vivenciamos vários estágios de bênçãos; e crescer na graça e no conhecimento do Altíssimo é ir de bênção em bênção. "Todos recebemos da sua plenitude, graça sobre graça" (Jo 1.16). Deus nos prepara para o que ele nos tem reservado. Porém, não somos reservatórios de bênçãos, mas canais para transmitir as bênçãos do Senhor às demais pessoas.

Se você ler cuidadosamente os versículos iniciais deste capítulo e refletir sobre eles, descobrirá que existem pelo menos três aspectos da bênção do Senhor: receber, compartilhar a bênção de Deus e glorificá-lo pela graça concedida.

Receber as dádivas de Deus é uma grande bênção

Desde o meu primeiro dia de vida, tenho sido cercado pelas multidões de bênçãos que o Senhor tem concedido a sua maravilhosa criação. A cada novo dia, tenho a luz do sol para me ajudar a enxergar e, igualmente, possibilitar o desenvolvimento das plantas e dos seres humanos. Disponho de ar para respirar, de alimento para comer, de água para beber e me banhar, bem como de uma legião de outros benefícios que me capacitam a apreciar a vida e realizar o meu trabalho. É lamentável que pessoas feitas à imagem de Deus, às vezes, não prestem atenção a essas bênçãos quando deveriam agradecer e louvar a Deus por elas. "E Deus viu tudo o que havia feito, e tudo havia ficado muito bom" (Gn 1.31). "Como é grande a tua bondade, que reservaste para aqueles que te temem, e que, à vista dos homens, concedes àqueles que se refugiam em ti!" (Sl 31.19). Isso inclui o incrível corpo que Deus projetou para nós. Leia o Salmo 139 e veja o que Davi pensava sobre o trabalho das divinas mãos sobre o corpo humano. Deus "de tudo nos provê ricamente, para a nossa satisfação" (1Tm 6.17) e, não obstante, as pessoas reiteradamente ignoram a bondade do Senhor, abusam de seus corpos, prejudicam o meio ambiente e prosseguem em sua ação daninha e destrutiva sobre o mundo por ele criado.

"Toda boa dádiva e todo dom perfeito vêm do alto, descendo do Pai das luzes, que não muda como sombras inconstantes" (Tg 1.17). O que o Altíssimo nos dá e o modo como o faz é bom. Ele nos concede continuamente, e não há mudanças em seu caráter. O gracioso Deus celestial nos preparou todas essas bênçãos terrenas e, então, enviou seu Filho, Jesus, para abençoar o seu povo com "todas as bênçãos espirituais nas regiões celestiais em Cristo" (Ef 1.3). "Aquele que não poupou seu próprio Filho, mas o entregou por todos nós, como não nos dará juntamente com ele, e de graça, todas as coisas?" (Rm 8.32). Assim, todos os dias, deveríamos olhar para o alto e agradecer ao Deus que "dá a todos a vida, o fôlego e as demais coisas" (At 17.25).

Contudo, também deveríamos olhar para trás e dar graças por nossos ancestrais, sem os quais jamais teríamos chegado a este mundo. Quando nasci, o médico disse à minha mãe que eu tinha poucas chances de sobreviver depois dos dois anos, mas o Senhor tinha outros planos. Meu bisavô sueco (a quem nunca conheci) orou para que houvesse um pregador do evangelho em cada geração de nossa família, *e assim tem se cumprido!* Eu era o candidato da minha geração e, dessa forma, o Senhor me manteve vivo.

Olhando para o passado, agradeço a Deus por meus professores na igreja, nas escolas públicas e universidades, bem como pelos bibliotecários que muito me ajudaram a desenvolver o amor que tenho pelos livros e pela leitura. Esta não é uma autobiografia e, portanto, não entrarei em detalhes, mas uma legião de pessoas desempenhou papéis importantes em minha preparação para a vida adulta e para o ministério. Sou muito grato ao Criador por elas. De fato, esta é uma grande bênção! Acima de tudo, agradeço a Jesus Cristo, meu Senhor, por se entregar na cruz para que eu pudesse ser salvo. Uma pessoa que ainda não conhece a Jesus talvez olhe para o padrão de minha vida e imagine que seja uma colcha de retalhos desuniforme e desgastada, mas o contrário é verdadeiro. Quando minha esposa e eu olhamos para trás, tudo o que vemos é a mão do Criador em toda parte e, por isso, damos graças. Sim, é uma grande bênção receber as dádivas de Deus que tornam possível a vida abundante e eterna, porém existe algo ainda melhor.

Compartilhar as dádivas é uma bênção maior ainda

Certo dia, enquanto ensinava, Jesus disse: "Há maior felicidade em dar do que em receber" (At 20.35), uma afirmação que deve ter surpreendido os seus ouvintes. Esta frase do Mestre jamais foi registrada por Mateus, Marcos, Lucas ou João, mas quando Paulo a ouviu pela primeira vez, citada por algum cristão anônimo, ele a guardou em seu coração e a repetiu, tempos depois, aos presbíteros da igreja de Éfeso.

Não me surpreende o fato de Paulo ter se apegado a esta afirmação, pois se havia um homem que sabia o que era dar, esse era o apóstolo Paulo. Mais tarde, Paulo escreveria aos efésios: "O que furtava não furte mais; antes trabalhe, fazendo algo de útil com as mãos, para que tenha o que repartir com quem estiver em necessidade" (Ef 4.28). Existem três formas de se obter dinheiro: roubar (o que inclui falsificação), ganhar ou receber como oferta. Paulo nos encoraja a trabalhar, não apenas para pagar as nossas contas, *mas para podermos dar a outros!* O apóstolo sabia do que estava falando porque ele mesmo trabalhava com suas próprias mãos a fim de garantir o seu sustento, bem como o de seus companheiros (At 20.34).

Iniciando em Êxodo 20.17, as Escrituras nos advertem contra a cobiça, um mandamento que é repetido em Deuteronômio 5.21. "O avarento põe sua família em apuros, mas quem repudia o suborno viverá", afirma Provérbios 15.27. Ainda, Jesus alertou os seus discípulos: "Cuidado! Fiquem de sobreaviso contra todo tipo de ganância; a vida de um homem não consiste na quantidade dos seus bens" (Lc 12.15). Em Hebreus 13.5, lemos: "Conservem-se livres do amor ao dinheiro e contentem-se com o que vocês têm, porque Deus mesmo disse: 'Nunca o deixarei, nunca o abandonarei.'" Esta citação provém de Deuteronômio 31.6, 8 e Josué 1.5.

Assim como a ira no coração constitui assassinato (Mt 5.21-26) e luxúria no coração é adultério (Mt 5.27-30), igualmente a ganância no coração é considerada idolatria (Cl 3.5). Cristãos professos que idolatram o dinheiro, pessoas, coisas materiais e a si mesmos são tão idólatras quanto as pessoas na Bíblia que cultuavam a Baal. O Salmo 115.1-8 nos adverte que, espiritualmente falando, os idólatras acabam se tornando como os deuses que eles cultuam, ou seja, incapazes de falar, ouvir, ver, cheirar ou se mover. Mateus 13.22 nos alerta quanto ao *engano das riquezas*, que sufocará a semente da Palavra de Deus, semeada em nosso coração, tornando-a infrutífera. Se dermos vazão à cobiça, é possível que nos tornemos ricos, porém igualmente podemos cair em tentação, ruína e destruição, pois "o amor ao dinheiro é a raiz de todos os males" (1Tm 6.9-10).

A Bíblia discorre muito sobre ajudar os pobres e protegê-los contra a exploração dos ímpios ricos e poderosos. Jesus expressou que, ao darmos aos pobres, na realidade, estamos dando a ele! "Digo-lhes a verdade: o que vocês fizeram a algum dos meus menores irmãos, a mim o fizeram" (Mt 25.40).

Uma razão pela qual o doar resulta em receber é que o doar nos torna mais parecidos com Deus e abre o nosso coração para receber ainda mais bênção e para compartilhá-la com os demais. O Criador sabe que pode confiar a sua riqueza a cristãos generosos que lhe dão toda a glória. "Pois vocês conhecem a graça de nosso Senhor Jesus Cristo que, sendo rico, se fez pobre por amor de vocês, para que por meio de sua pobreza vocês se tornassem ricos" (2Co 8.9). Simplesmente, graça e ganância não habitarão no mesmo coração. A lei de Moisés ordenou o povo de Israel a dar aos pobres, e os cristãos, nas igrejas do Novo Testamento, seguiram o exemplo dos israelitas. Igualmente, assim nós devemos agir (At 4.34-35; 11.27-30; Rm 15.25-27; 2Co 8-9).

A doação sacrificial sistemática nos liberta da escravidão deste mundo transitório, "a cobiça da carne, a cobiça dos olhos e a ostentação dos bens" (1Jo 2.15-17). Isso nos relembra que tudo o que somos, possuímos e fazemos provém de Deus. Acumular riquezas em vez de focar as necessidades apenas multiplicará as nossas preocupações (Mt 6.25-34). Abraão, Isaque e Jacó eram homens de muitas posses, assim como Davi e José de Arimateia. No entanto, eles é que possuíam as riquezas, não o contrário. Um dedicado cristão pode ter riquezas e, ainda assim, ser livre dos "males do dinheiro" que afligem as pessoas, ou seja, o orgulho, a arrogância, a preocupação e o egoísmo.

É importante que a nossa doação não seja alardeada, o que somente aumenta o nosso orgulho ainda mais. "Tenham o cuidado de não praticar suas 'obras de justiça' diante dos outros para serem vistos por eles. Se fizerem isso, vocês não terão nenhuma recompensa do Pai celestial... Mas quando você der esmola, que a sua mão esquerda não saiba o que está fazendo a direita, de forma que você preste a sua ajuda em segredo. E seu Pai, que vê o que é feito em segredo, o recompensará" (Mt 6.1, 3-4). Não podemos ser recompensados três vezes — por Deus, por nossos conhecidos ou familiares e por nós mesmos. Se a minha mão direita sabe o que a minha mão esquerda está fazendo, então, com certeza, receberei tapinhas de louvor nas costas!

Quando ofertamos ao Senhor com alegria (2Co 9.7), estamos, na verdade, fazendo investimentos que renderão ricos dividendos não apenas nesta vida terrena como também na celestial que virá em glória. Este é o nosso próximo tópico.

A maior bênção de todas será ver Jesus em glória

Seja lá o que dermos ao Senhor, ele nos tem dado primeiro. "Mas quem sou eu, e quem é o meu povo para que pudéssemos contribuir tão generosamente como fizemos?", questiona Davi. "Tudo vem de ti, e nós apenas te demos o que vem das tuas mãos" (1Cr 29.14). Deus nos dá e, em resposta a essa dádiva inicial, devolvemos a ele, assim como também abençoamos os outros (Mt 25.40). Jesus nos instruiu: "Não acumulem para vocês tesouros na terra, onde a traça e a ferrugem destroem, e onde os ladrões arrombam e furtam. Mas acumulem para vocês tesouros no céu, onde a traça e a ferrugem não destroem, e onde os ladrões não arrombam nem furtam. Pois onde estiver o seu tesouro, aí também estará o seu coração" (Mt 6.19-21). Se você realmente deseja conhecer onde está o seu coração, verifique os seus gastos e veja o quanto você tem investido no banco celestial.

É mais abençoado dar do que receber, porque o primeiro é um ato de fé e "sem fé é impossível agradar a Deus" (Hb 11.6). O Pai afirmou sobre Jesus: "Este é o meu Filho amado, de quem me agrado" (Mt 3.17). Quero que Deus declare isso sobre mim! Todos nós desejamos que o Senhor nos "aperfeiçoe em todo o bem para fazerem a vontade dele, e opere em nós o que lhe é agradável, mediante Jesus Cristo, a quem seja a glória para todo o sempre" (Hb 13.21). Se damos com o intuito único de recebermos, sem qualquer propósito de sermos uma bênção aos outros e glorificar a Deus, então nossa motivação não é correta. O conhecido industrialista cristão, R. G. LeTourneau (1888-1969), costumava dizer: "Se você contribui visando a retorno, não terá retorno algum." Possuo uma cópia de sua autobiografia, *Mover of Men and Mountains* (Movendo homens e montanhas), e cada vez que vejo as fotografias de suas enormes invenções, de transportadores de casas a lançadores de mísseis, balanço a minha cabeça em descrença. Ele deu toda a glória ao Altíssimo e simplesmente disse: "Eu sou apenas um mecânico abençoado por Deus." Ele autografou o meu exemplar e acrescentou: "Mateus 6.33". Que versículo – e que homem!

Sim, há recompensas hoje neste mundo para o fiel povo do Senhor, mas também haverá recompensas no céu. "Pois todos compareceremos diante do tribunal de Deus" (Rm 14.10). "Pois todos nós devemos comparecer perante o tribunal de Cristo, para que cada um receba de acordo com as obras praticadas por meio do corpo, quer sejam boas quer sejam más" (2Co 5.10). "Portanto, não julguem nada antes da hora devida; esperem até que o Senhor venha. Ele trará à luz o que está oculto nas trevas e manifestará as intenções dos corações. Nessa ocasião, cada um receberá de Deus a sua aprovação" (1Co 4.5). Os servos fiéis de Deus "receberão a imperecível coroa da glória" (1Pe 5.4).

A chave para uma vida jubilosa agora e um abençoado futuro no céu é *fidelidade*. "O que se requer destes encarregados é que sejam fiéis" (1Co 4.2). Muitas pessoas, hoje consideradas bem-sucedidas, talvez sejam classificadas como infiéis ao se postarem diante do Senhor no céu. O conselho de Paulo a Timóteo precisa ser enfatizado nos dias de hoje: "Pregue a palavra, esteja preparado a tempo e fora de tempo, repreenda, corrija, exorte com toda a paciência e doutrina... Você, porém, seja moderado em tudo, suporte os sofrimentos, faça a obra de um evangelista, cumpra plenamente o seu ministério" (2Tm 4.2, 5). Vivemos em um mundo que rejeita o Filho de Deus e sua verdade, que se coloca contra o povo de Deus. Devemos ser fiéis. Quanto mais entregarmos de nosso tempo, nossas posses e de nós mesmos agora, tanto mais receberemos no presente e por toda a eternidade.

As palavras de Jesus à sua igreja em Esmirna aplicam-se plenamente a nós hoje: "Conheço as suas aflições e a sua pobreza; (mas você é rico)" (Ap 2.9). Que preciosos parênteses!

Paradoxo

4

Quando nos humilhamos, Deus nos exalta

O orgulho vem antes da destruição; o espírito altivo, antes da queda. (Pv 16.18)

Ele mostrou a você, ó homem, o que é bom e o que o SENHOR exige: Pratique a justiça, ame a fidelidade e ande humildemente com o seu Deus. (Mq 6.8)

O maior entre vocês deverá ser servo. Pois todo aquele que a si mesmo se exaltar será humilhado, e todo aquele que a si mesmo se humilhar será exaltado. (Mt 23.11-12)

Surgiu também uma discussão entre eles, acerca de qual deles era considerado o maior. Jesus disse-lhes: "Os reis das nações dominam sobre elas; e os que exercem autoridade sobre elas são chamados benfeitores. Mas, vocês não serão assim. Pelo contrário, o maior entre vocês deverá ser como o mais jovem, e aquele que governa como o que serve... Mas eu estou entre vocês como quem serve. (Lc 22.24-27)

Pois pela graça que me foi dada digo a todos vocês: ninguém tenha de si mesmo um conceito mais elevado do que deve ter; mas, pelo contrário, tenha um conceito equilibrado, de acordo com a medida da fé que Deus lhe concedeu. (Rm 12.3)

Nada façam por ambição egoísta ou por vaidade, mas humildemente considerem os outros superiores a si mesmos. (Fp 2.3)

Humilhem-se diante do Senhor, e ele os exaltará. (Tg 4.10)

Portanto, humilhem-se debaixo da poderosa mão de Deus, para que ele os exalte no tempo devido. (1Pe 5.6)

Há duas pequenas expressões, "para cima" e "para baixo", que são importantes na vida de qualquer um. Em sua fascinante obra, *Metáforas da vida cotidiana*, George Lakoff e Mark Johnson indicam como essas duas *expressões orientacionais* nos ajudam a comunicar a verdade. Se desfruta de boa saúde, você se sente *para cima*, mas, caso esteja enfermo, se sente *para baixo* ou *inferior*. Falamos sobre *o auge da saúde* ou um paciente *decaindo rapidamente*. As pessoas ficam *deprimidas* (para baixo) ou com *alto astral* (para cima). Uma pessoa *mergulha* em um coma ou *cai* morta. Quando tudo vai bem, estamos *na crista da onda* e *tudo está em cima*. No entanto, quando as coisas vão *ladeira abaixo*, nosso ânimo *afunda*. Espera-se que *galguemos os degraus do sucesso* e *tenhamos um olhar altivo*. Acho que você já entendeu.[1]

Em sua grande maioria, a cultura de nossos dias não deseja ter qualquer relação com a humildade, mas alegremente promove o orgulho. As pessoas respeitam Madre Teresa de Calcutá, porém demonstram maior entusiasmo por astros da música ou do cinema. Em nossos periódicos, exibimos detalhados obituários exaltando a grandeza do morto. Nas demais seções do mesmo jornal, há anunciantes nos lembrando que também podemos ser importantes e bem-sucedidos se apenas e tão somente adquirirmos os seus produtos. O erudito bíblico, William Barclay, escreveu: "O orgulho é o solo em que todos os outros pecados crescem, sendo também a fonte que origina todos os demais pecados." O orgulho do rei Saul transformou-o em um tirano invejoso, motivando-o a odiar Davi e tentar assassiná-lo. Por sua vez, o orgulho de Davi levou-o a realizar um censo em Israel que resultou na morte de setenta mil homens (2Sm 24.15). Ainda, o orgulho de Absalão, filho de Davi, resultou em sua morte e na profunda tristeza de seu pai (2Sm 13-19).

---

[1] LAKOFF, George e JOHNSON, Mark. *Metáforas da vida cotidiana*. Campinas: Mercado de Letras, 2002, pp. 59-64.

Se os cristãos desejam ir *para cima*, primeiramente devem ir *para baixo* e obedecer à instrução de Tiago 4.10: "Humilhem-se diante do Senhor, e ele os exaltará." Tiago nos fornece três instruções a que devemos obedecer se desejamos que Deus nos exalte em vitória por sua glória.

Devemos cultivar uma humildade genuína

A palavra *humildade* deriva de um termo latino que significa *baixo, próximo ao solo*. Pessoas orgulhosas mantêm uma postura altiva, suscitam elogios e atraem especial atenção, mas o Senhor odeia o orgulho (Pv 6.16-17; 8.13).

Conforme o registro bíblico, o orgulho foi o primeiro pecado cometido quando o anjo Lúcifer se rebelou contra o Criador, tornando-se Satanás (Is 14.12-15). O pecado inicial na terra foi cometido por Eva porque ela acreditou na promessa de Satanás de que, se comesse do fruto daquela árvore, seria como Deus (Gn 3.1-8).

Em geral, o sentimento de orgulho é o primeiro passo rumo à realização do pecado. As pessoas que, com frequência, pensam apenas na promoção e no prazer pessoal acabam por idolatrar a si mesmas, pecando contra Deus, contra si mesmas e contra outras pessoas. O orgulho do rei Saul privou-o da bênção de Deus e o orgulho do filho de Davi, Absalão, transformou-o em um rebelde e resultou em sua morte (2Sm 15-18). Em consequência de seu orgulho, Herodes Agripa I morreu comido por vermes (At 12.20-23). "Ele zomba dos zombadores, mas concede graça aos humildes" (Pv 3.34; Tg 4.6; 1Pe 5.5).

Existe, porém, uma falsa humildade que é repulsiva e, certamente, ofende o Criador. Isso ocorre quando pessoas depreciam a si mesmas visando a receber louvor dos demais. Já ouvi pessoas dizerem: "Por favor, não me peça para cantar. Eu não tenho essa capacidade." No entanto, todos sabiam que a pessoa era dotada de extremo talento, concedido pelo Senhor. Elas usavam esse argumento apenas para serem bajuladas e elogiadas. Implore a tais pessoas que sirvam e provavelmente desencorajará os voluntários verdadeiramente dedicados. Porém, se você as ignorar e referenciar outra pessoa, o vaidoso se aborrecerá e causará problemas.

Apropriadamente, foi dito que a humildade não significa ter uma imagem desvalorizada de si mesmo, *mas é não ter imagem nenhuma!* Isaías conhecia as suas próprias falhas, mas quando Deus o chamou, ele disse: "Eis-me aqui. Envia-me!" (Is 6.8). Então, o Senhor o purificou e o capacitou a fazer a sua obra. Crescer em humildade é um assunto entre o que crê e Deus, o único que esquadrinha o coração humano e nos perdoa, ensina e molda. Ele permitiu que Paulo convivesse com um espinho na carne a fim de manter o apóstolo longe do orgulho (2Co 12.1-10). A humildade é aquela qualidade de caráter que, quando temos consciência de que a possuímos, nós a perdemos. Cristãos que se orgulham de ser humildes devem ser mantidos à distância. Quando o orgulho simula a humildade, o diabo está em ação.

Claro que o maior exemplo de humildade é o nosso Senhor Jesus Cristo (Fp 2.5-12) e, quanto mais aprendemos sobre ele e o amamos, tanto mais parecidos com ele nos tornaremos. Considere o que Jesus afirmou sobre si mesmo.

- "O Filho não pode fazer nada de si mesmo." (Jo 5.19)
- "Pois não procuro agradar a mim mesmo." (Jo 5.30)
- "Pois desci do céu, não para fazer a minha vontade, mas para fazer a vontade daquele que me enviou." (Jo 6.38)
- "O meu ensino não é de mim mesmo. Vem daquele que me enviou." (Jo 7.16)
- "Nada faço de mim mesmo, mas falo exatamente o que o Pai me ensinou." (Jo 8.28)
- "Eu não vim por mim mesmo, mas ele me enviou." (Jo 8.42)
- "Não estou buscando glória para mim mesmo." (Jo 8.50)
- "As palavras que eu digo não são apenas minhas." (Jo 14.10)

Amadurecemos espiritualmente quando diariamente investimos tempo meditando na Palavra de Deus, orando, provendo e servindo os outros. Como resultado, passamos a conhecer melhor o Senhor e a nós mesmos. Pessoas humildes conhecem e aceitam a si mesmas, entregando-se a fim de servir ao Criador e a glorificá-lo. É essencial confessarmos os nossos pecados, porém não nos tornamos humildes com os olhos fixos em nós mesmos. "O coração é mais enganoso que qualquer outra coisa e sua doença é incurável. Quem é capaz de compreendê-lo?" (Jr 17.9). Não podemos confiar sempre em nossas próprias autoavaliações, mas precisamos seguir o exemplo de Davi, quando oramos: "Sonda-me, ó Deus, e conhece o meu coração; prova-me e conhece as minhas inquietações. Vê se em minha conduta algo te ofende, e dirige-me pelo caminho eterno" (Sl 139.23-24). Ele orou no Salmo 19.12: "Quem pode discernir os próprios erros? Absolve-me dos que desconheço!"

Necessitamos realizar um saudável exame do coração, liderado pelo Espírito e com uso das Escrituras, porém devemos evitar o que o Dr. Martyn

Lloyd-Jones denominou de "introspecção mórbida".² Se não tivermos cuidado, podemos gastar muito tempo e manter foco excessivo em nossos pecados, concedendo uma chance a Satanás de nos acusar e de nos desencorajar. Os pecados confessados e abandonados já foram perdoados e esquecidos pelo Pai (1Jo 1.9; Hb 8.12; 10.17). Assim, não devemos nos preocupar mais com eles! Medite na passagem de Zacarias 3.1-5.

Será que a minha humildade é genuína? Posso descobrir isso ao responder, com toda a sinceridade, às seguintes perguntas. Como reajo a elogios e críticas? Ao ser totalmente ignorado, procuro chamar a atenção para mim? Com frequência, me comparo aos outros e, intimamente, critico-os, enaltecendo a mim mesmo? O orgulho nos torna invejosos e, por conseguinte, críticos. Costumo julgar os outros com maior severidade com que julgo a mim mesmo? Procuro privilegiar a crítica ou busco maneiras de elogiar e encorajar os outros? Perdoo as demais pessoas ou guardo mágoas? Fico feliz quando tenho oportunidades de auxiliar os outros em anonimato? Ou, pelo contrário, costumo alardear em alto e bom som, buscando atenção e louvor para mim (Mt 6.1-4)? Se sou dotado por Deus de invejável inteligência, procuro enfatizar sempre isso ou simplesmente uso esse dom para ajudar os outros? O clérigo anglicano, Jeremy Taylor (1613-1667), escreveu: "Ter orgulho do que se sabe é demonstração da maior ignorância." Ainda, Thomas Merton (1915-1968) cunhou a seguinte frase: "O orgulho nos torna superficiais e a humildade nos torna reais."

Considere as seguintes afirmações, extraídas das Escrituras:

- "Embora esteja nas alturas, o SENHOR olha para os humildes, e de longe reconhece os arrogantes." (Sl 138.6)
- "Pois assim diz o Alto e Sublime, que vive para sempre, e cujo nome é santo: 'Habito num lugar alto e santo, mas habito também com o contrito e humilde de espírito, para dar novo ânimo ao espírito do humilde e novo alento ao coração do contrito.'" (Is 57.15)
- "A este eu estimo: ao humilde e contrito de espírito, que treme diante da minha palavra." (Is 66.2b)
- "Bem-aventurados os pobres em espírito, pois deles é o Reino dos céus." (Mt 5.3). (Perceba que Jesus não se referiu aos "pobres resignados" com sua humildade artificial, mas aos "pobres em espírito", ou seja, os ver-

---

² LLOYD-JONES, David Martyn. *Faith on Trial* [Fé sob julgamento] (Grand Rapids: Eerdmans, 1965), p. 66.

dadeiramente humildes, que reconhecem a grandeza de Deus e quão arruinados eles são!).

Devemos praticar a honestidade total

Humilharmo-nos "perante o Senhor" significa simplesmente viver honestamente diante de Deus e dos outros. O oposto é a mais pura hipocrisia, assumindo diversos papéis e fingindo ser o que não somos. Salomão advertiu: "Quem esconde os seus pecados não prospera" (Pv 28.13). Davi escondeu o seu pecado por quase um ano e muito sofreu por isso (Sl 32.3-5). Acã roubou o Senhor e escondeu os despojos debaixo de sua tenda. Por consequência, ele e sua família (que devem ter conspirado com Acã) foram descobertos e perderam a vida (Josué 7). Igualmente, Ananias e Safira morreram porque roubaram ao Senhor e tentaram encobri-lo com mentiras (Atos 5.1-11). A desonestidade é perigosa.

Deus mantém os olhos sobre o seu povo. "Os olhos do Senhor estão em toda parte, observando atentamente os maus e os bons" (Pv 15.3). Os judeus ridicularizavam os ídolos pagãos por possuírem olhos e não serem capazes de enxergar (Sl 115.5), mas houve ocasiões em que os israelitas pecaram aberta e deliberadamente, sabendo muito bem que o Senhor via tudo o que eles faziam e iria discipliná-los. Já agimos assim? "Será que quem fez o ouvido não ouve? Será que quem formou o olho não vê?" (Sl 94.9).

Podemos viver com humildade "perante o Senhor" porque ele nos observa *para a nossa própria proteção*. "Mas o SENHOR protege aqueles que o temem, e os que firmam a esperança no seu amor" (Sl 33.18). Para atravessar o mar Vermelho e deixar o Egito, bem como para cruzar o rio Jordão e entrar em Canaã, o povo de Israel contou com a proteção e a provisão do Criador diariamente, durante os quarenta anos dessa jornada. E, então, Deus os ajudou a derrotar os inimigos e tomar posse da Terra Prometida. Minha esposa e eu viajamos milhares de quilômetros no exercício de nosso ministério, e o Senhor graciosamente nos trouxe de volta para casa em segurança ao final de cada reunião. Quer estivéssemos na estrada ou em um avião, estávamos sempre confiantes de seu divino cuidado. Às vezes, houve demoras e até mesmo cancelamentos, porém nossa vida, bagagens e horários estavam nas capazes mãos do Altíssimo (Sl 31.15). O Senhor cuidou da terra de Israel (Dt 11), mantendo-a frutífera e segura, contanto que o povo fosse obediente à sua lei.

Igualmente, o Senhor mantém os seus olhos sobre nós, *zelando por nossa direção na vida*. "Eu o instruirei e o ensinarei no caminho que você deve seguir; eu o aconselharei e cuidarei de você" (Sl 32.8). Deus não deseja que sejamos como cavalos, que tendem a sair em disparada, ou como mulas, que costumam empacar (Sl 32.9). Devemos ser como ovelhas, que conhecem a voz de seu pastor e obedientemente o seguem (Jo 10.4).

Os olhos do Senhor, que a tudo veem, nos asseguram a *inspeção*. "Pois Deus vê o caminho dos homens; ele enxerga cada um dos seus passos" (Jó 34.21; veja Sl 139.1-6, 23-24). Quando eu era garoto, não podia sair pela porta da frente e ir para a escola sem que a minha mãe me inspecionasse da cabeça aos pés. Havia lavado o meu rosto e as minhas mãos? Tinha escovado os dentes? Estava com um lenço limpo? Deus quer que seus filhos estejam em seu melhor para que façam o melhor. Este é um dos propósitos do tempo devocional diário com o Senhor, para que sejamos examinados por ele e auxiliados a nos vermos como realmente somos (Tg 1.21-25).

Até aqui tenho tratado de aspectos negativos, mas permita-me assegurar-lhe que os esquadrinhadores olhos do Altíssimo também expressam *afeição*. Pais amorosos mantêm olhos atentos sobre os filhos porque os amam e se alegram em vê-los desenvolvendo as suas habilidades. Quando nossas filhas eram pequenas e frequentavam aulas de piano, minha esposa e eu íamos ao recital anual e orgulhosamente acompanhávamos as suas apresentações. Que supremo momento houve no céu quando, aqui na terra, Jesus foi batizado e seu Pai declarou: "Este é o meu Filho amado, de quem me agrado" (Mt 3.17). Eu espero que, de tempos em tempos, ao olhar para baixo, o Pai possa dizer o mesmo sobre mim e o meu ministério!

O Senhor também mantém os seus olhos sobre nós para *correção*, assim como um técnico observa o jogo de sua equipe ou os pais acompanham o jantar de seus filhos. Neemias orou pedindo a Deus que mantivesse os olhos sobre o povo de Israel e o corrigisse, pois eles haviam pecado (Ne 1). Ele e seu povo estavam indo a Jerusalém para reconstruir o muro da cidade e necessitavam do amoroso cuidado do Criador. O Senhor não nos olha da mesma forma que um policial olha para um prisioneiro, mas com o mesmo olhar com que um pai amoroso acompanha as ações de seu filho. Deus almeja que aprendamos a glorificá-lo em tudo o que dizemos ou fazemos.

O propósito de Deus para o seu povo é a *perfeição*. "Portanto, sejam perfeitos como perfeito é o Pai celestial de vocês" (Mt 5.48). Jesus não estava falando sobre a perfeição ausente de pecados, porque não alcançaremos esse alvo até vermos Jesus (1Jo 3.1-3). Nosso Senhor está falando sobre maturidade cristã e plenitude de vida. O termo grego é *katartizō* e possui diversos significados, entre eles estes quatro: equipar os soldados para a batalha, preparar um navio para a navegação, restaurar um osso quebrado e reparar uma rede de pesca. O Espírito Santo utiliza variadas "ferramentas espirituais" a fim de ajudar no processo de amadurecimento dos filhos de Deus, entre elas a inspirada Palavra de Deus (2Tm 3.16-17), a oração (2Co 13.9; 1Ts 3.10), o ministério da igreja (Ef 4.11-16) e o sofrimento pessoal (1Pe 5.10). A oração de Hebreus 13.20-21 é de extrema necessidade nos dias atuais: "O Deus da paz... os aperfeiçoe em todo o bem para fazerem a vontade dele, e opere em nós o que lhe é agradável, mediante Jesus Cristo, a quem seja a glória para todo o sempre. Amém."

Devemos esperar uma jubilosa vitória

Pela fé, nos humilhamos, e Deus nos eleva em vitória. Contudo, ele não nos exalta para recebermos louvor, mas para servirmos aos outros e glorificarmos a Jesus. "O maior dentre vocês deverá ser servo" (Mt 23.11), declarou Jesus, demonstrando-o na prática ao abaixar-se para lavar os pés de seus discípulos (João 13). Andrew Murray escreveu que "não há nada tão divino como ser o servo e auxiliador de todos". A humildade leva à obediência, e esta manifesta o amor. O apóstolo Paulo expressou essa atitude desta forma: "Servi ao Senhor com toda a humildade" (At 20.19). Nosso serviço aqui talvez não receba imediata apreciação ou recompensa neste mundo, mas é registrado no céu onde, um dia, receberemos o nosso galardão.

Ao me recordar dos cristãos que verdadeiramente abençoaram a mim e a muitos outros, percebo que cada um deles possuía uma mente humilde e um coração de servo. Quando ainda era um jovem pastor, com frequência, telefonei e visitei pastores mais velhos em nossa área a fim de obter algum aconselhamento. Eles devem ter me considerado uma verdadeira praga, mas, não obstante, me ouviram pacientemente e compartilharam comigo sua sabedoria. Anos mais tarde, *eu* é que passei a ser procurado pelos pastores mais jovens! Quão jubiloso tem sido ouvi-los, encorajá-los e orar com eles. Charles Spurgeon expressou: "A pobreza de espírito esvazia um homem e assim o prepara para ser preenchido."

Abraão e Sara eram avançados em idade e desconhecidos. Contudo, o Criador os escolheu para serem os fundadores da nação hebraica. Eles se humilharam e Deus os exaltou. Da mesma forma, José se humilhou a ponto de ser um servo na prisão egípcia, e o Senhor o elevou para ser o segundo governante naquele país. Moisés era um fugitivo do Egito e um humilde pastor em Midiã. Não obstante, Deus o chamou para ser o libertador dos judeus da escravidão egípcia e receptor da lei divina. Josué foi um humilde servo de Moisés, mas tornou-se comandante do exército e sucessor de Moisés. Davi era um pequeno pastor de ovelhas, porém o Senhor o usou para derrotar um gigante e liderar um exército. Releia Hebreus 11 e veja como inúmeras pessoas se humilharam e foram capacitadas a realizar grandes feitos por Deus e por seu povo. No entanto, lembre-se de que o Criador os exaltou não para que se tornassem famosos, mas para que pudessem servir aos outros e glorificar ao Senhor. Todos eles eram servos e não celebridades.

Maria, a mãe de Jesus, compreendeu esta verdade, pois assim cantou: "Derrubou governantes dos seus tronos, mas exaltou os humildes. Encheu de coisas boas os famintos, mas despediu de mãos vazias os ricos" (Lc 1.52-53).

Charles Spurgeon também escreveu: "Não é humildade subestimar-se. A humildade é pensar de si mesmo como Deus pensa de você. É sentir que, se temos talentos, eles nos foram dados por Deus. E veja que, como a carga em um navio, eles tendem a nos afundar. Quanto mais temos, mais baixo devemos ficar."[3]

---

[3] SPURGEON, C. H. *The New Park Street Pulpit*, vol. 2. Grand Rapids: Baker, 1990, p.350.

Paradoxo 5

Nossa loucura nos leva à sabedoria de Deus

Humilhem-se diante do Senhor, e ele os exaltará. (Tg 4.10)

Pois a mensagem da cruz é loucura para os que estão perecendo, mas para nós, que estamos sendo salvos, é o poder de Deus. Pois está escrito: "Destruirei a sabedoria dos sábios e rejeitarei a inteligência dos inteligentes." Onde está o sábio? Onde está o erudito? Onde está o questionador desta era? Acaso não tornou Deus louca a sabedoria deste mundo? Visto que, na sabedoria de Deus, o mundo não o conheceu por meio da sabedoria humana, agradou a Deus salvar aqueles que creem por meio da loucura da pregação. Os judeus pedem sinais miraculosos, e os gregos procuram sabedoria; nós, porém, pregamos a Cristo crucificado, o qual, de fato, é escândalo para os judeus e loucura para os gentios, mas para os que foram chamados, tanto judeus como gregos, Cristo é o poder de Deus e a sabedoria de Deus. Porque a loucura de Deus é mais sábia que a sabedoria humana, e a fraqueza de Deus é mais forte que a força do homem. Irmãos, pensem no que vocês eram quando foram chamados. Poucos eram sábios segundo os padrões humanos; poucos eram poderosos; poucos eram de nobre nascimento. Mas Deus escolheu as coisas loucas do mundo para envergonhar os sábios, e escolheu as coisas fracas do mundo para envergonhar as fortes. Ele escolheu as coisas insignificantes do mundo, as desprezadas e as que nada são para reduzir a nada as que são, para que ninguém se vanglorie diante dele. É, porém, por iniciativa dele que vocês estão em

> *Cristo Jesus, o qual se tornou sabedoria de Deus para nós, isto é, justiça, santidade e redenção, para que, como está escrito: "Quem se gloriar, glorie-se no Senhor."* (1Co 1.18-31)

De acordo com os jornalistas, agora estamos vivendo na Era da Informação. Hoje é possível, com o simples apertar de alguns poucos botões, obter informações sobre quase qualquer pessoa, lugar, coisa ou evento. Somos constantemente alimentados com fatos e teorias, porém permanecemos famintos de sabedoria. E as assim consideradas pessoas brilhantes prosseguem afirmando e fazendo coisas estúpidas e sendo remuneradas por isso. O poeta cristão William Cowper escreveu que "o conhecimento é orgulhoso por ter aprendido tanto; a sabedoria é humilde por não saber mais". Eric Hoffer, em sua obra, *The Passionate State of Mind* (O estado passional da mente), afirmou: "A coisa mais difícil de se lidar não é o egoísmo, a vaidade ou a falsidade, mas a completa estupidez." Às vezes, me recordo das palavras do poeta T. S. Eliot, em *Coros de "A Rocha"*:

> Onde está a sabedoria que perdemos no conhecimento?
> Onde está o conhecimento que perdemos na informação?

A igreja de Corinto enfrentou sérios problemas porque alguns de seus membros passaram a gabar-se do conhecimento que detinham sem ter consciência da sua própria ignorância. Eles tentaram mesclar a sabedoria de seu mundo com a sabedoria de Deus, e a fórmula resultante foi definitivamente equivocada. Os tais se orgulhavam do que eles pensavam que sabiam, porém eram indigentes no tocante ao conhecimento da sabedoria divina.

Pessoalmente, desfrutei do privilégio de pastorear três igrejas, de ministrar com três organizações paraeclesiásticas distintas e de servir em inúmeros conselhos. Assim, aprendi que o povo de Deus hoje, com frequência, comete os mesmos erros que os coríntios no início da igreja. Em vez de abrirmos as nossas Bíblias, de convocar uma reunião de oração e de buscar a sabedoria do Senhor, nos apressamos em "compartilhar ideias" e a questionar como o mundo está agindo. Desprovidos da liderança do Espírito e ignorantes da diferença entre sabedoria e conhecimento, os membros do comitê logo discordam entre si, dando origem a uma divisão carnal, e não chegam a uma decisão piedosa.

Nos dois capítulos iniciais de sua primeira carta aos coríntios, Paulo utiliza a palavra "sabedoria" dezesseis vezes e, em cinco ocasiões, o apóstolo faz uso do termo "loucura". Estas são as duas palavras escolhidas para a nossa meditação.

Para o mundo, a sabedoria de Deus é loucura

Alfred North Whitehead (1861-1947) foi um filósofo e matemático brilhante. Mesmo assim, ele rejeitou a mensagem cristã. Whitehead afirmou que havia desistido da Bíblia e que "nela não havia muita coisa mais para ele", preferindo ler Platão.[1] "Considero a teologia cristã um dos grandes desastres da raça humana", disse ainda.[2] Sendo sincero, já li Whitehead e aprendi com seus escritos, porém a sua rejeição pela fé cristã sempre me afligiu, especialmente quando ele diz: "Quanto à teologia cristã, pode imaginar algo mais tremendamente idiota que a ideia cristã do céu?"[3]

Igualmente, Saulo de Tarso era um homem brilhante que não aceitava Cristo e a cruz. No entanto, um dia ele ficou cego para que pudesse enxergar e confiar em Jesus como seu Salvador e Senhor, tornando-se Paulo, o apóstolo (Atos 9). "Pois a mensagem da cruz é loucura para os que estão perecendo, mas para nós, que estamos sendo salvos, é o poder de Deus" (1Co 1.18). Paulo sofreu perseguição por pregar sobre Cristo e a cruz, gloriando-se somente na cruz como o poder do Senhor para a salvação dos pecadores perdidos (Gl 6.12-14).

A vívida identificação de Paulo com o Cristo crucificado constituía o segredo de sua vida e serviço. Ele escreveu: "Fui crucificado com Cristo. Assim, já não sou eu quem vive, mas Cristo vive em mim" (Gl 2.20). Por causa de Jesus, Paulo era um homem transformado. A Bíblia não encoraja a ignorância, mas nos exorta a crescermos em sabedoria para que saibamos como fazer o correto uso do conhecimento. A ciência possui todo o direito de vangloriar-se de suas muitas conquistas, e me coloco ao lado daqueles que agradecem pelas benéficas contribuições da ciência à nossa vida, em especial no campo da medicina. Contudo, é um erro a ciência deixar Deus de fora e assumir o crédito por tudo aquilo que ele nos tem dado. O Senhor deseja que desfrutemos de suas dádivas, mas devemos dar-lhe toda a glória. Podemos comprar nosso conforto, *mas não a paz no coração*. Podemos remover as manchas e a sujeira, mas

---

[1] PRICE, Lucien. *The Dialogues of Alfred North Whitehead* [Os diálogos de Alfred North Whitehead]. Nova York: Little, Brown and Co., 1954, pp. 182-183.

[2] Idem, p. 174.

3 Idem, p. 277.

sem o poder do Altíssimo *não é possível renovar a mente e tampouco purificar o coração humano*.

Enquanto escrevo estas palavras, os noticiários nos informam que existem 44 "locais de perigo" críticos em nosso mundo, onde pessoas inocentes estão sendo mortas, valiosas propriedades estão sendo destruídas e a liberdade retirada. Não há nenhuma medicina feita pelo homem capaz de mudar o pecaminoso coração do homem, mas "o sangue de Jesus, seu Filho, nos purifica de todo pecado" (1Jo 1.7).

Nas Escrituras, há muitos relatos sobre a loucura da humanidade em rejeitar a sabedoria de Deus e depender da "sabedoria" deste mundo. Claro que tudo principia com Eva desobedecendo ao Senhor e influenciando seu marido, Adão, a comer com ela o fruto da árvore proibida (Gn 3; 1Tm 2.14). A seguir, surgiram os tolos construtores que desafiaram a Deus na edificação da Torre de Babel (Gn 11.1-9). O fracasso de tal empreitada ocorreu porque as pessoas se rebelaram contra Deus. Desde a confusão de Babel, no Gênesis, até a destruição da Babilônia, em Apocalipse 18-19, toda e qualquer iniciativa empreendida pelo homem, mas não planejada e dirigida pelo Senhor, resultou em um grande fiasco. "Há caminho que parece certo ao homem, mas no final conduz à morte" (Pv 14.12).

Jesus contou uma parábola sobre um fazendeiro bem-sucedido que foi considerado um insensato, pois se esqueceu de que um dia morreria (Lc 12.13-21). Nosso Senhor contou também sobre um homem que construíra a sua casa sobre a areia e perdera tudo o que possuía, quando deveria tê-la edificado sobre a rocha e, assim, nada perderia (Mt 7.24-27). Construir sobre a rocha significa obedecer à vontade de Deus. Não ter Cristo como o alicerce da vida constitui uma grande tolice. Jesus chamou as cinco virgens de insensatas porque falharam em providenciar óleo para as suas candeias enquanto aguardavam a chegada do noivo (Mt 25.1-13). O texto de Atos 27 descreve a destruição de um navio em meio a uma tormenta porque os líderes agiram tolamente, recusando-se a obedecer à vontade divina. Paulo alertou o centurião, o proprietário do barco, bem como o piloto de que o barco naufragaria em uma tempestade caso eles levantassem âncora. Contudo, o centurião preferiu acreditar na palavra dos "especialistas" em vez da advertência de Paulo, sendo apoiado pela maioria dos passageiros, que votou pela partida! Quando um vento sul começou a soprar suavemente (At 27.13), os líderes tiveram a certeza de que a navegação era segura, mas singraram ao encontro da tempestade! Claro, devemos lembrar do maior tolo de todos: "Diz o tolo em seu coração: 'Deus não existe'" (Sl 14.1).

Existe uma abissal diferença entre o *conhecimento* deste mundo e a *sabedoria* deste mundo. Em nenhuma passagem a Bíblia condena o conhecimento humano, pois o Senhor criou um universo maravilhoso, um magnífico planeta Terra e seres humanos surpreendentes. Em sua criação, Deus introduziu leis e princípios tão precisos que é possível ao homem fundamentar todas as suas empreitadas científicas sobre eles. Fomos criados à imagem de Deus, que nos concedeu cérebros para pensar a fim de exercermos domínio sobre a criação, desfrutando e empregando os tesouros e prazeres de sua obra criadora (Gn 1.26-30; Sl 8). A sabedoria é o correto uso do conhecimento, obtendo o máximo das dádivas de Deus conforme a ordem que nos foi dada, para a sua glória. É uma infelicidade o fato de o nosso mundo estar sendo insensatamente usado e abusado, resultando na corrupção do corpo humano, assim como na destruição dos recursos concedidos pelo Senhor. Observamos a poluição da água e do ar, o destruidor desperdício de plantas e animais, bem como de valiosos minerais, e a inexorável degradação do meio ambiente criado por Deus.

As pessoas que vivem com base apenas na sabedoria deste mundo acham que os cristãos é que são tolos por crerem na Bíblia e viverem pela fé, porém o "mundo científico" tem vivenciado e escrito as suas próprias "bíblias". Esquecem eles que o mesmo Deus que escreveu a Bíblia também inseriu no universo (incluindo-se o planeta Terra) os princípios científicos que mantêm esta máquina em funcionamento. As leis da ciência são as leis de Deus e, se a NASA ignorasse tais leis, decerto não haveria incursões espaciais bem-sucedidas. Quer seja para salvar um casamento, educar filhos, manter um emprego, administrar um negócio ou construir uma igreja, a sabedoria de Deus indica o caminho para um real sucesso: "Se não for o SENHOR o construtor da casa, será inútil trabalhar na construção" (Sl 127.1).

Para Deus, a sabedoria do mundo é loucura

Corajosamente, Paulo afirma: "Porque, tendo conhecido a Deus, não o glorificaram como Deus, nem lhe renderam graças, mas os seus pensamentos tornaram-se fúteis e os seus corações insensatos se obscureceram. Dizendo-se sábios, tornaram-se loucos" (Rm 1.21-22). Em sua "sabedoria", as pessoas substituíram o Deus vivo por ídolos mortos, que elas fabricaram para si mesmas! Os sociólogos afirmam que a "religião" começou com o culto a muitos deuses e ídolos, progredindo gradativamente para a fé em um único Deus vivo e verdadeiro. No entanto, ocorreu o contrário. A humanidade começou com um claro conhecimento do verdadeiro Deus e rejeitou-o a fim de cultuar deuses fabricados pelo próprio homem.

O mundo atual está permeado de ídolos mortos que controlam a vida das pessoas, como dinheiro, propriedades, estrelas de cinema, equipes esportivas, heróis, status, autoridade, fama, realização, prazer e orgulho da educação, para citar alguns poucos. Algumas pessoas possuem até mesmo ídolos fora da religião, cultuando um "sistema" em vez do Criador eterno. Qualquer coisa na qual confiamos e pela qual vivemos em vez do único e verdadeiro Deus vivente constitui um ídolo e deve ser removido de nossa vida. A idolatria resulta numa descrença ignorante, enquanto o culto ao único Deus vivo resulta em fé e obediência.

Muitas das "grandes" pessoas deste mundo creem que o orgulho é um indispensável ingrediente para alcançar o sucesso. Você tem de ser alguém importante e assegurar que os outros saibam o quão importante você é. Porém, Jesus declarou: "Bem-aventurados os pobres em espírito, pois deles é o Reino dos céus" (Mt 5.3). Salomão escreveu: "Quando vem o orgulho, chega a desgraça, mas a sabedoria está com os humildes" (Pv 11.2). As pessoas de destaque no registro bíblico não cediam à autopromoção, mas deixavam para o Altíssimo fazê-lo. Deus disse a Josué: "Hoje começarei a exaltá-lo à vista de todo o Israel" (Js 3.7). Decerto, não era uma tarefa fácil ser o sucessor de Moisés, mas Josué entregou isso nas mãos do Senhor e assumiu o cargo para a glória de seu Deus.

Com frequência, os líderes cristãos imitam o mundo e passam a focar na autopromoção em vez de exaltar a Deus. "Nenhum pecado nos separa de Deus e das demais pessoas tão eficientemente quanto o pecado do orgulho", afirmou Emil Brunner, em um sermão. "Esta é a raiz de todos os pecados — a exaltação do ego."[4] É desastroso que alguns dos métodos presentes no mundo perdido estejam sendo trazidos para dentro dos ministérios cristãos, enquanto a sabedoria do Senhor está sendo ignorada.

É uma pena que muitos obreiros cristãos jamais peçam sabedoria a Deus, mas apenas que ele abençoe os engenhosos planos que traçaram. Davi imitou os filisteus e permitiu que a arca do Senhor fosse transportada para Jerusalém em uma carroça em vez de nos ombros dos sacerdotes, e aquela empreitada resultou em um grande fracasso (2Sm 6). Quando o rei Roboão seguiu o conselho dos jovens que haviam crescido com ele, rejeitando o conselho dos anciãos que serviram ao seu pai, houve a divisão do reino (1Reis 12). Mais de

---

[4] BRUNNER, Emil. *The Great Invitation* [O grande convite]. Filadélfia: Westminster Press, 1955, p.61.

um ministério tem sido quase destruído por líderes orgulhosos, que seguem a direção do mundo em vez da orientação do Senhor. Desde o meu primeiro dia no seminário até os dias atuais, tenho buscado a mente do Senhor e, embora tenha cometido a minha parcela de erros, Deus graciosamente tem me guiado e me provido e, creio, ele tem sido glorificado por mim.

Necessitamos obter deste mundo o máximo de conhecimento que pudermos, porém dependemos da sabedoria do Senhor para processar tudo isso e fazer o melhor uso dele. Robert Murray M'Cheyne escreveu a um amigo: "Cuidado com a atmosfera dos autores clássicos... é certo que devemos conhecê-los — porém da mesma maneira que o químico faz experiências com as substâncias tóxicas — para descobrir suas qualidades e não para envenenar com elas seu sangue."[5] Quando era adolescente e recém-convertido, um dos fundadores da Mocidade para Cristo, Dr. Torrey Johnson, me disse: "Aprenda tudo o que puder, coloque em seu sangue e use para a glória do Senhor." Segui este conselho e posso assegurar que ele funciona. Daniel e seus três amigos dominavam a "sabedoria" dos babilônios, porém lograram êxito em manter um testemunho piedoso em meio a uma terra pagã porque confiaram no Criador para obter a sabedoria da qual necessitavam dia após dia.

Para os que creem em Cristo, a loucura de Deus é a verdadeira sabedoria

Aqueles que ainda estão perdidos em seus pecados consideram a mensagem do evangelho como insana e as pessoas que nela acreditam como loucos. A maioria dos que assim pensam jamais leu a Bíblia ou refletiu seriamente sobre quem é Jesus e o que ele pode fazer por eles. Fundamentam-se em fragmentos agnósticos que recolhem aqui ou acolá e, se convidados, esquivam-se de discutir o evangelho, alegando que "têm coisas mais importantes a fazer". Para eles, Cristo foi apenas um desempregado carpinteiro judeu que pensou ser Deus e morreu como um criminoso comum numa cruz romana. Acham que seus seguidores convenceram algumas pessoas ignorantes de que Jesus ressuscitou dentre os mortos e que ascendeu ao céu. Para esses céticos, tudo se restringe à loucura, do início ao fim.

Nós, que cremos em Cristo, devemos viver como "loucos sábios". Somos sábios porque confiamos em Jesus e aceitamos a Palavra de Deus,

---

[5] BONAR, Andrew A. *Robert Murray M'Cheyne: Memoirs and Remains* [Memórias e lembranças de Robert Murray M'Cheyne]. Londres: Banner of Truth Trust, 1966, p. 29.

mesmo que a mensagem da cruz pareça loucura para os descrentes. Para estes, somos loucos. O evangelho é uma mensagem sobre a graça do Criador, algo que os descrentes não conseguem compreender. Por que razão Deus viria a este mundo como um homem, sofrer e morrer? Como, em nossos dias, a morte de outra pessoa pode afetar as demais? A cruz parece estar mais associada a derrota, não a vitória! As pessoas estão acostumadas a fazer coisas para si mesmas e trabalhar para obter aquilo que desejam. Assim, tropeçam na noção da graciosa dádiva do perdão. Elas lutam com os fatos relativos a uma vergonhosa cruz e o dom gratuito da salvação, sentindo-se desconcertadas pela lógica salvadora. Somente as nossas orações e a obra do Espírito Santo podem iluminá-las e fazer frutificar as sementes por nós semeadas. A salvação pela graça pode parecer ilógica do ponto de vista humano, mas está disponível — e ela funciona! Não podemos forçar as pessoas a entrar primeiro na *mente* do reino; oramos para que acessem primeiramente o *coração* do reino.

Devemos depender apenas do Espírito Santo (At 1.8). Por oito vezes, Paulo menciona o Espírito nos três capítulos iniciais de 1Coríntios, e o que ele escreveu traça paralelos com o que foi dito por Jesus aos seus discípulos, no aposento superior (Jo 14.15-18; 15.26-16.15). O Espírito opera nos crentes e por meio deles, bem como convence os incrédulos de sua culpa e da necessidade de Cristo. Não devemos depender de engenhosas abordagens na apresentação do evangelho, mas somente do ministério do Espírito Santo (1Co 2). Devemos ser ensinados e liderados pelo Espírito. Paulo enfatiza uma pregação simples do evangelho que apresente Jesus e a cruz de forma clara (1Co 1.18-2.5). Por quê? Para que Cristo seja glorificado e não o pregador! A sabedoria do mundo mesclada com o evangelho priva a mensagem de seu poder (1Co 1.18-23).

Alguns jornais de Chicago chamaram o evangelista Dwight L. Moody de "Moody Louco" enquanto ele trabalhava para ganhar almas. Hoje, contudo, os tais editores e seus respectivos periódicos estão totalmente esquecidos, enquanto o ministério de Moody continua vivo. Esse evangelista abriu mão de um bem-sucedido negócio no ramo de calçados para devotar-se à proclamação do evangelho, sendo honrado por Deus em função de sua fé e obediência. O faraó e o exército egípcio devem ter aberto um grande sorriso ao verem os israelitas se aproximando do mar Vermelho, porém o Criador abriu as águas e os judeus cruzaram em solo seco. Ao contrário, o exército egípcio foi tragado no retorno das águas. Os habitantes de Jericó também devem ter gargalhado ao verem os israelitas marchando ao redor da cidade, dia após dia, mas Josué e seu povo riram por último, quando as muralhas de Jericó caíram e a cidade foi capturada (Js 6).

Quão importante é para os filhos de Deus serem "loucos sábios", dispostos a serem chamados de "loucos por causa de Cristo" (1Co 4.10) para que ele receba toda a glória!

Paradoxo

6

Avançando pela inércia

Até os jovens se cansam e ficam exaustos, e os moços tropeçam e caem; mas aqueles que esperam no SENHOR renovam as suas forças. Voam alto como águias; correm e não ficam exaustos, andam e não se cansam. (Is 40.30-31)

Respondeu o SENHOR: "Eu mesmo o acompanharei, e lhe darei descanso." (Êx 33.14)

Então eu disse: "Quem dera eu tivesse asas como a pomba; voaria até encontrar repouso!" (Sl 55.6)

Portanto eu lhes digo: não se preocupem com sua própria vida, quanto ao que comer ou beber; nem com seus próprios corpos, quanto ao que vestir. Não é a vida mais importante do que a comida, e o corpo mais importante do que a roupa?...Quem de vocês, por mais que se preocupe, pode acrescentar uma hora que seja à sua vida?... Busquem, pois, em primeiro lugar o Reino de Deus e a sua justiça, e todas essas coisas lhes serão acrescentadas. (Mt 6.25, 27, 33)

Espere no SENHOR. Seja forte! Coragem! Espere no SENHOR. (Sl 27.14)

Descanse somente em Deus, ó minha alma; dele vem a minha esperança. Somente ele é a rocha que me salva; ele é a minha torre alta! Não serei abalado! (Sl 62.5-6)

> *O fruto da justiça será paz; o resultado da justiça será tranquilidade e confiança para sempre.* (Is 32.17)

Certo professor universitário foi encontrar-se com um famoso palestrante chinês em uma estação de trem abarrotada. Após dar-lhe as boas-vindas, o professor disse: "Se corrermos até a nossa plataforma, conseguiremos pegar o próximo trem e ganharemos três minutos." O convidado calmamente perguntou: "E que coisa importante devemos fazer com os três minutos que ganharemos?" Não há registro sobre a resposta dada pelo professor, mas o episódio deve ter marcado significativamente a sua própria educação.

Eis uma história da minha própria vida. Como pregador convidado, falei em uma igreja sobre diminuir o ritmo e investir tempo diário na comunhão com o Senhor. Ao terminar a mensagem, o líder de louvor foi à frente e anunciou: "Agora cantaremos o hino 'Tempo de Ser Santo', estrofes 1 e 4." Não dedicamos tempo nem para cantar as quatro estrofes do hino e nada fizemos de importante nos poucos minutos que "salvamos" ao não cantá-las. Senti-me desapontado, porque cada uma das estrofes estava relacionada a um ponto-chave em minha mensagem.

Já viajei por terra e pelo ar o suficiente para saber que as pessoas em quase todos os lugares estão sempre com pressa, ansiosas para que tudo e todos saiam de seu agitado caminho. O termo "rápido" detém elevada importância em nosso atual vocabulário. Algumas rodovias fornecem "faixas rápidas" para os carros que transportem duas ou mais pessoas. No basquete há a "transição rápida", no beisebol temos a "bola rápida" e não podemos nos esquecer de "comida rápida" e do "dinheiro rápido e fácil", em nosso cotidiano. Tenho falado em igrejas que, em geral, deixam a pregação para o final, de modo que haja tempo suficiente para os músicos louvarem e o pastor fazer os anúncios. Raramente o pregador convidado dispõe de tempo suficiente para expor toda a mensagem que preparou, ao contrário do prometido.

Sim, há momentos na vida cristã em que a pressa é benéfica, mas o sucesso de nossa corrida ocasional depende da consistência de nossa alimentação, nossa atividade física e nosso descanso diário. "Não pôde vigiar nem por uma hora?", perguntou Jesus a um sonolento Pedro, no jardim do Getsêmani (Mc 14.37).

Há, pelo menos, quatro importantes lições a serem aprendidas se almejamos progredir dia após dia, servindo ao nosso Senhor Jesus Cristo sem, contudo, empreender uma ridícula corrida.

Devemos aprender a nos aquietar

"Parem de lutar! Saibam que eu sou Deus!" (Sl 46.10). O Pai deseja que cultivemos um coração calmo, tranquilo, mas por quê? *Porque o coração de todo problema reside no problema do coração.* O rei Salomão escreveu: "Acima de tudo, guarde o seu coração, pois dele depende toda a sua vida" (Pv 4.23), e Jesus advertiu: "Nenhum servo pode servir a dois senhores" (Lc 16.13). Um coração dividido é desobediente e, portanto, perturbado — não desfruta de paz. "No arrependimento e no descanso está a salvação de vocês, na quietude e na confiança está o seu vigor" (Is 30.15). Se estamos seguindo a Jesus com sinceridade, ele verá que desfrutamos de águas tranquilas (Sl 23.2). O Salmo 46.1-3 descreve as revoltas e perigosas águas que produzem o medo, mas nos versículos 4 e 5 temos o rio de Deus que traz descanso.

Em Mateus 11.28-30, Jesus convida todos os que estão cansados e oprimidos a irem até ele a fim de encontrarem alívio. Quando confiamos nele para a salvação, Cristo nos concede o descanso, que Paulo chamou de "paz com Deus" (Rm 5.1). Quando, dia a dia, nos rendemos totalmente a ele, crescemos em nosso conhecimento dele e descobrimos um descanso mais profundo, ou seja, "a paz de Deus, que excede todo o entendimento" (Fp 4.7). Sendo humanos, vivenciaremos dias difíceis, quando nada parece funcionar conforme esperado. Talvez experimentemos um sentimento de não estar servindo como deveríamos, mas a paz em nosso interior irá nos encorajar e fortalecer para que a obra seja feita. Os nossos sentimentos constituem uma base traiçoeira para o nosso viver, destruindo a vida de fé. Se o coração está perturbado, podemos nos sentir paralisados e incapazes de "prestar culto ao SENHOR com alegria" (Sl 100.2). Pegue o hinário cristão e cante o antigo hino "Confiança em Deus". Este é um excelente remédio para um coração desapontado e desencorajado.

Devemos aprender a esperar

O filósofo francês, Blaise Pascal (1623—1662), escreveu: "Toda a infelicidade dos homens provém de uma só coisa, que é não saberem ficar em repouso num quarto" (*Pensamentos* #139). Após apresentar-se a Boaz, o seu parente resgatador, a viúva Rute recebeu de sua sogra, Noemi, um valioso conselho: "Agora espere, minha filha, até saber o que acontecerá. Sem dúvida aquele homem não descansará enquanto não resolver esta questão hoje mesmo" (Rt 3.18). Boaz era uma tipificação de Jesus, o nosso parente resgatador, e enquanto o Senhor opera a fim de cumprir a sua vontade em nós, devemos nos aquietar, esperar e confiar. Rute e Noemi jamais leram o versículo de Romanos 8.28, mas decerto criam e viviam de acordo com ele! O Criador age em todas as coisas para o nosso bem e sua glória somente se pararmos de dar ordens e deixar Deus de fora do nosso caminho. O Salmo 46.10 poderia ser traduzido assim: "Tire as suas mãos." Se interferirmos na vontade divina, correremos o risco de perder o que ele planejou para nós. O Senhor sempre concede o seu melhor para aqueles que entregam o direito da escolha para ele.

Uma das perguntas repetidas frequentemente nas Escrituras é "Até quando?" No Salmo 13.1-2, Davi orou: "Até quando, SENHOR? Para sempre te esquecerás de mim? Até quando esconderás de mim o teu rosto? Até quando terei inquietações e tristeza no coração dia após dia? Até quando o meu inimigo triunfará sobre mim?" No texto bíblico fica evidenciado que Deus está sempre operando em prol de seu povo, mas, em geral, o Senhor não tem pressa. Por vinte e cinco anos, Abraão e Sara esperaram pelo nascimento do filho prometido e, quando tentaram apressar os eventos, tanto eles quanto a nação de Israel sofreram as consequências. Moisés tinha oitenta anos de idade quando o Senhor o mandou de volta ao Egito para libertar o seu povo. Nosso Senhor Jesus Cristo esperou trinta anos antes de iniciar o seu ministério público. Há um tempo para agir e há um tempo para esperar, e devemos conhecer a diferença.

No seminário, havia um amigo que, como eu, era estudante e pastor ao mesmo tempo, o que significava ter uma agenda bastante desafiadora. Alguns membros de sua congregação tentaram persuadi-lo a abandonar os estudos para dedicar-se à igreja em tempo integral. Acreditando nos exagerados elogios que recebia, meu amigo marcou uma reunião com o oficial de registro do seminário a fim de oficializar a sua desistência. Contudo, o oficial, já calejado por enfrentar essa situação com muitos estudantes antes, estava preparado para recebê-lo. Ele disse:

— Meu irmão, o Senhor já esperou um longo tempo por você e ele pode esperar mais dois anos até você se formar. Você pode servir a Deus como um bom estudante tanto quanto como sendo um bom pastor, e o Senhor pode abençoar a ambos.

Sabiamente, meu amigo decidiu prosseguir com os estudos e, pelo que sei, ficou muito grato pelo conselho recebido.

Enquanto aguardamos no Senhor, podemos ser assaltados por um sentimento de perda de tempo, porém devemos compreender que Deus não está apenas trabalhando *para* nós, mas *em* nós. Ele deseja que estejamos adequadamente equipados para realizar a obra que está preparando para nós (Fp 1.6). Se começarmos a tomar atalhos e evitar as necessárias disciplinas da vida cristã, jamais nos capacitaremos a lutar as batalhas, suportar as cargas e glorificar o Altíssimo. Deus evitou os atalhos ao liderar os israelitas para fora do Egito (Êx 13.17-22). Por quê? Porque havia "lições de fé" que deveriam ser aprendidas por eles enquanto o Criador transformava-os de uma nação de escravos, para o dedicado povo de Deus. Ao ser tentado por Satanás (Mt 4.1-11), Jesus ouviu do tentador a sugestão de tomar o "caminho fácil" e evitar a cruz; mas Cristo ousadamente rejeitou o plano de Satanás. O caminho curto sempre é mais difícil que a rodovia principal. Hoje, vivemos em meio a uma cultura que parece ignorar a disciplina pessoal (exceto se você for um atleta) e enfatizar a velocidade e o prazer. Afinal, divertir-se é mais importante que fortalecer a fé ou servir a Deus. Ou não?

Após Natã, o profeta, compartilhar a graciosa aliança de Deus com Davi, o rei saiu e assentou-se diante do Senhor, adorando e tendo comunhão com ele (1Cr 17.16-27). Enquanto considerava as abundantes bênçãos que o Criador havia derramado sobre ele, Davi não conseguiu fazer mais nada. Maria assentou-se aos pés de Jesus para ouvir a sua palavra, sendo elogiada pelo Senhor por fazê-lo (Lc 10.38-43). Quando a vida nos reserva pressão em vez de bênção, é hora de ficarmos a sós com o Senhor, assentarmo-nos aos seus pés e atentamente ouvirmos as suas palavras, enquanto ele nos ensina e nos capacita para o trabalho que virá.

Sim, há tempos em que devemos parar e permitir que Deus nos forneça o necessário para fazer a obra que ele nos tem reservado. Como Davi, devemos dizer: "O meu futuro está nas tuas mãos" (Sl 31.15).

Devemos aprender a permanecer quietos

"Não tenham medo. Fiquem firmes e vejam o livramento que o SENHOR trará hoje, porque vocês nunca mais verão os egípcios que hoje veem" (Êx 14.13). Moisés proferiu estas encorajadoras palavras aos filhos de Israel na noite em que eles foram libertados do jugo egípcio. Adiante, os israelitas tinham o mar Vermelho e o exército egípcio se aproximava em perseguição a eles. Não havia lugar para onde pudessem escapar ou se esconder. Parecia ser uma aniquilação certa, exceto por uma coisa: o Criador estava do lado dos israelitas! "Se Deus é por nós, quem será contra nós?" (Rm 8.31). Moisés gritou: "O SENHOR lutará por vocês; tão somente acalmem-se" (Êx 14.14). Os israelitas deveriam "ficar quietos" e "parados", confiando que Deus faria o resto. Moisés levantou a sua vara e estendeu a sua mão, e o Senhor fez surgir uma nuvem de escuridão entre o exército egípcio e os israelitas. Então, ele abriu uma estrada seca em meio às águas, direto para o outro lado! Quando os inimigos tentaram usar aquele mesmo caminho em perseguição aos judeus, as duas muralhas de água caíram sobre eles, destruindo-os.

Encontramos uma vitória similar, registrada em 2Crônicas 20. Os amonitas juntamente com os moabitas e seus aliados atacaram Josafá, rei de Judá, e seu povo. O rei judeu incentivou o povo a orar, sendo ele mesmo o principal exemplo. Então, a resposta do Senhor veio por meio de Jaaziel, o profeta: "Não tenham medo nem fiquem desanimados por causa desse exército enorme. Pois a batalha não é de vocês, mas de Deus" (2Cr 20.15). O Altíssimo derrotou os invasores e trouxe glória ao seu santo nome. "E o reino de Josafá manteve-se em paz, pois o seu Deus lhe concedeu paz em todas as suas fronteiras" (2Cr 20.30).

"E esta é a vitória que vence o mundo: a nossa fé" (1Jo 5.4). Porém, existem dois tipos de batalhas na vida cristã: aquelas que Deus nos ajuda a vencer e aquelas que o Senhor vence por nós enquanto pacientemente aguardamos. Por meio da fé, tornamo-nos triunfantes ao derrotarmos o inimigo, porém também podemos nos tornar "mais que vencedores" (Rm 8.37), *deixando que o inimigo derrote a si mesmo!* Se nós sempre traçarmos nossos próprios planos de ataque, usando as nossas próprias armas, então o Senhor não poderá lutar por nós, mas se entregarmos todas as nossas lutas a ele e esperarmos, o Senhor mesmo conquistará a vitória. Devemos ter sabedoria para saber quando lutar pela vitória e quando esperar pelo triunfo.

Na congregação de uma das igrejas às quais tive o privilégio de servir, havia um pequeno grupo de dissidentes críticos, cuja atitude negativa envenenara a atmosfera das reuniões e criara problemas para dois de meus predecessores. O Senhor aconselhou-me a esperar com paciência, orar e não depender de minha própria estratégia, pois ele solucionaria a questão à sua maneira e em seu próprio tempo. Orei diariamente por aquelas pessoas e ministrei a elas como ministrei aos demais membros. Após cinco anos, durante uma das reuniões, o líder dos dissidentes e seu principal apoiador foram ambos retirados pelos líderes da igreja. Simplesmente, fiquei ali sentado e assistindo ao desenrolar dos acontecimentos! Os vencedores são sempre exaltados, porém os "mais que vencedores" podem apenas dizer: "Louvem o Senhor pelo que ele tem feito!"

O inventor americano, Thomas A. Edison, sabiamente afirmou: "Tudo vem para aquele que é ativo enquanto espera." Como é possível ser ativo e esperar ao mesmo tempo? Você permanece "em ação" internamente, aprendendo, confiando e crescendo, mas aguarda exteriormente pela execução do plano de Deus. "Entregue o seu caminho ao SENHOR; confie nele, e ele agirá... Descanse no SENHOR e aguarde por ele com paciência" (Sl 37.5, 7).

"Não tenham medo. Fiquem firmes e vejam o livramento que o SENHOR trará hoje" (Êx 14.13).

Devemos aprender a descansar

Uma noite de sono repousante é uma bênção de Deus, enquanto uma noite de sono agitado pode resultar em um dia estressante. "Eu me deito e durmo, e torno a acordar, porque é o SENHOR que me sustém", escreveu Davi, no Salmo 3.5. No salmo seguinte, ele escreveu: "Ao deitar-se reflitam nisso, e aquietem-se... Em paz me deito e logo adormeço, pois só tu, SENHOR, me fazes viver em segurança (vv. 4, 8)." Não sabemos ao certo se a autoria do Salmo 127 é de Salomão ou foi Davi que o escreveu para educar o seu filho, mas o versículo 2 nos assegura que "O SENHOR concede o sono àqueles a quem ama".

Para nós, não é suficiente aprender a nos *aquietar*, a *esperar* e a *permanecer quietos*. Igualmente, devemos aprender a *descansar* e experimentar o restaurador repouso do céu após um dia ocupado. Virar-se de um lado ao outro, durante toda a noite, porque algo está nos perturbando, é privarmo-nos das bênçãos que o Senhor quer nos dar. A citação do salmista "Quando vocês ficarem irados, não pequem" (Sl 4.4) é repetida por Paulo, em Efésios 4.26, em sua mensagem aos cristãos. Estamos sentindo raiva de nós mesmos, de um amigo, do Senhor? Estamos nutrindo em nosso íntimo alguma amargura que está envenenando a nossa visão da vida? A essa citação do Salmo 4.4, Paulo acrescentou: "Apaziguem a sua ira antes que o sol se ponha." Em outras palavras, certifique-se de que o seu coração está certo ou as suas tentativas para dormir não darão resultado.

O Senhor pode nos ensinar durante a noite. Na cabeceira de minha cama, próximo ao meu travesseiro, há uma luz especial conectada a um bloco de notas. Sem emitir ruído, a luz se acende com um simples toque e ilumina o bloco de papel. Muitas vezes, o Senhor me acorda e me leva à sua "escola noturna" para meditar em sua verdade. Ele quer que eu seja como o "bem-aventurado" homem do Salmo 1.2 e medite dia e noite, ou o santo homem de Deus que escreveu no Salmo 119.148: "Fico acordado nas vigílias da noite, para meditar nas tuas promessas." Enquanto medito e o Criador desvenda a sua verdade, faço anotações no bloco de papel e, na manhã seguinte, considero-as novamente em meu estudo e as arquivo no tema adequado ou as escrevo na margem de minha Bíblia de estudo.

Creio que o Espírito Santo pode trabalhar no subconsciente se concentrarmos a nossa mente na verdade de Deus. Quando eu fazia o ensino médio, costumava fazer as minhas atividades à noite e, algumas vezes, tinha dificuldade em resolver algum problema de geometria. Então, eu "arquivava o problema" em minha mente e ia dormir. Em geral, despertava no dia seguinte com a solução do problema em minha mente! Eu creditava esse feito ao fato de o meu subconsciente ter trabalhado a noite inteira na resolução. Essa experiência tem se repetido por muitas vezes ao preparar os sermões: o texto no qual estou ponderando "ganha vida" quando acordo durante a noite ou mesmo na manhã seguinte. Claro que "alimentamos a nossa mente" enquanto estudamos e, assim, propiciamos material para o Espírito trabalhar. Caso contrário, não haverá um sermão digno de ser ouvido, levando a congregação a dormir! Sim, o Senhor pode nos instruir durante as aulas noturnas se guardarmos a palavra divina em nosso coração e sobre ela meditarmos (Sl 16.7). Talvez isso não funcione para todo mundo, mas tem dado certo para mim.

Não existe apenas o *estudo* noturno, mas também o *cantar* "cânticos noturnos" (Sl 42.8; 77.6; Jó 35.10). Qualquer um pode cantar durante um dia ensolarado, mas cantar à noite é outra questão. O rei Davi entoava salmos à noite; Jesus cantou após a última ceia, pouco antes de ser preso (Mt 26.30). Além deles, Paulo e Silas cantaram durante a noite, naquela prisão em Filipos (At 16.25). Quando nos encontramos debaixo de uma nuvem escura ou envoltos em sombras, podemos sempre louvar ao Senhor com "salmos, hinos e cânticos espirituais" (Ef 5.19). Logo, a luz brilhará novamente. Podemos até mesmo "cantar para embalar o nosso sono", ao nos deitarmos e louvarmos ao Senhor. Se assim fizermos, despertaremos na manhã seguinte em comunhão com ele.

Enquanto meditamos à noite sobre o Senhor e sua verdade, podemos experimentar também um tempo de *inspeção*. "Provas o meu coração e de noite me examinas, tu me sondas, e nada encontras" (Sl 17.3). Na calmaria da noite, o Santo Espírito pode nos trazer de volta à mente coisas que dissemos ou fizemos — ou não dissemos e não fizemos — que precisam ser trabalhadas. Então, minha pequena luz e meu bloco de notas entram em cena e posso escrever para mim mesmo uma lista de ações a serem feitas! A oração do Salmo 139.23-24 é plenamente apropriada enquanto esperamos o sono chegar.

Certa vez, visitei um paciente no hospital que me disse: "Ontem à noite, eu não conseguia pegar no sono de maneira alguma. Então, lembrei-me do versículo que diz que Deus não cochila e nem dorme e decidi que era tolice nós dois ficarmos acordados. Assim, virei-me na cama e adormeci." Não perca tempo contando ovelhas. Em vez disso, mantenha-se em contato com o Pastor *que jamais dorme!*

"O SENHOR concede o sono àqueles a quem ama" (Sl 127.2).

Paradoxo

7

Temos de perder a nossa vida para salvá-la

Então ele começou a ensinar-lhes que era necessário que o Filho do homem sofresse muitas coisas e fosse rejeitado pelos líderes religiosos, pelos chefes dos sacerdotes e pelos mestres da lei, fosse morto e três dias depois ressuscitasse. Ele falou claramente a esse respeito. Então Pedro, chamando-o à parte, começou a repreendê-lo. Jesus, porém, voltou-se, olhou para os seus discípulos e repreendeu Pedro, dizendo: "Para trás de mim, Satanás! Você não pensa nas coisas de Deus, mas nas dos homens." Então ele chamou a multidão e os discípulos e disse: "Se alguém quiser acompanhar-me, negue-se a si mesmo, tome a sua cruz e siga-me. Pois quem quiser salvar a sua vida, a perderá, mas quem perder a vida por minha causa e pelo evangelho, a salvará. Pois, que adianta ao homem ganhar o mundo inteiro e perder a sua alma? Ou, o que o homem poderia dar em troca de sua alma? Se alguém se envergonhar de mim e das minhas palavras nesta geração adúltera e pecadora, o Filho do homem se envergonhará dele quando vier na glória de seu Pai com os santos anjos." (Mc 8.31-38)

Jesus respondeu: "Chegou a hora de ser glorificado o Filho do homem. Digo-lhes verdadeiramente que, se o grão de trigo não cair na terra e não morrer, continuará ele só. Mas se morrer, dará muito fruto. Aquele que ama a sua vida a perderá; ao passo que aquele que odeia a sua vida neste mundo, a conservará para a vida eterna. Quem me serve precisa seguir-me; e, onde estou, o meu servo também estará. Aquele que me serve, meu Pai o honrará. (Jo 12.23-26)

Durante os três anos de seu ministério terreno, nosso Senhor não apenas ensinou publicamente às multidões, como também ensinou aos seus discípulos em particular, equipando-os para os ministérios que eles empreenderiam após o retorno do Mestre ao céu. Jesus disse ao Pai: "Eu revelei teu nome àqueles que do mundo me deste. Eles eram teus; tu os deste a mim, e eles têm guardado a tua palavra... Pois eu lhes transmiti as palavras que me deste, e eles as aceitaram. Eles reconheceram de fato que vim de ti e creram que me enviaste" (Jo 17.6, 8). No dia de Pentecoste, Deus enviou o Espírito Santo para instruí-los e capacitá-los a relembrar tudo o que Jesus lhes havia ensinado (Jo 14.26; At 2). Se nos rendermos a ele, o mesmo Espírito irá nos ensinar, lembrar e capacitar a fim de testemunharmos a seu respeito (At 1.8).

O ministério de ensino privado de nosso Senhor alcançou um ponto crucial quando Jesus revelou aos discípulos que estava indo a Jerusalém para morrer. Em seu próprio nome e do grupo de discípulos, Pedro afirmou a sua fé em Jesus, o Filho de Deus, e daquele evento em diante, nosso Senhor preparou-o, bem como aos demais discípulos, para o Calvário (Mt 16.13-26). Ao estudarmos os estágios dessa "experiência de ensino", presente em Marcos 8-9, logramos obter uma melhor compreensão do significado de um *discipulado verdadeiro*.

Um anúncio agourento (Marcos 8.31)

Era chegada a hora de Jesus revelar claramente aos apóstolos que ele estava indo a Jerusalém para ser morto. Até então, os apóstolos haviam recebido "dicas metafóricas" sobre a morte sacrificial de Cristo, mas agora o Mestre explicou sem rodeios o que haveria de ocorrer com ele. João Batista havia chamado Jesus de "o Cordeiro de Deus" (Jo 1.29), o que claramente remete a sacrifício. Além disso, Cristo falou de seu "templo" ser destruído e reconstruído novamente (Jo 2.13-22). Ele falou a Nicodemos (e a quem mais estivesse presente) sobre a serpente que Moisés levantara no deserto (Jo 3.14), comparando-se ao profeta Jonas, cuja experiência com o grande peixe representa a morte, o sepultamento e a ressurreição (Mt 12.38-40). Jesus estava indo a Jerusalém porque "certamente nenhum profeta deve morrer fora de Jerusalém" (Lc 13.33).

Os apóstolos estavam aprendendo vagarosa e dolorosamente. Certamente já tinham ido à sinagoga e ao templo, onde as Escrituras eram regularmente lidas e expostas, e ouvido sobre as coisas pertinentes ao Messias (ver Lucas 24.13-35). No entanto, os sacerdotes e escribas não possuíam uma compreensão clara deste assunto. O Antigo Testamento fala tanto de um Messias sofredor quanto de um Messias soberano, e os mestres da época não conseguiam explicar este enigmático conflito entre sofrimento e glória. Alguns, com base no Salmo 22 e em Isaías 53, ensinavam que haveria *dois* Messias! Jesus deixara claro aos seus apóstolos que era o Messias e que estava profetizado que ele seria rejeitado por seu povo, sofreria humilhação e dor e, por fim, morreria na cruz. Primeiro o sofrimento e, então, a glória, como Pedro claramente escreveu em sua primeira carta.

Os cristãos atuais estão propensos a assumir a cruz normalmente, sendo que muitos deles ostentam-na como uma atraente joia do vestuário. Vemos cruzes nos túmulos, bem como em igrejas e locais de culto. Quantas vezes cantamos sobre a cruz de forma automática, enquanto nossa mente divagava sobre tudo mais? Após Cristo ter falado sobre a cruz, Tiago e João, egoisticamente, tentaram garantir um *trono* para cada um ao lado de Jesus (Mc 10.32-40)! Nós nos perguntamos quantas vezes os apóstolos haviam visto criminosos condenados, cada qual carregando a sua cruz ao local de execução. A crucificação era tão humilhante e desumana que a sua simples menção era considerada rude e inapropriada. Ninguém colocaria uma cruz pendurada ao pescoço como peça de ornamentação, da mesma forma que ninguém hoje usaria a cadeira elétrica ou a forca como pingente. Jesus tinha declarado o que o futuro próximo reservava a ele e aos seus discípulos e não havia como escapar ou negar isso. O Filho do homem *tinha* de ser levantado (Jo 3.14).

Uma repreensão equivocada (Marcos 8.32-33)

Antes de criticarmos severamente Pedro por suas impetuosas palavras (imagine-se dizendo a Deus o que fazer!), devemos lembrar que aquele discípulo estava expressando o seu amor por Cristo. Ele não queria que o seu Mestre sofresse e morresse. Que atire a primeira pedra aquele que jamais falou como Pedro em suas orações, ministérios ou conversas. Ele era um jovem seguidor que ainda tinha muito a aprender, mas amava Jesus e simplesmente não conseguia entender por que o seu amado tinha que morrer. Pedro não percebera que Satanás o estava usando em uma tentativa de desencorajar Jesus a obedecer à vontade do Pai. (A palavra *repreendeu*, no versículo 33, é a mesma palavra usada na repreensão aos demônios em Marcos 1.25 e 3.12). *Salve-se* é a filosofia de vida do mundo, mas Cristo mostrou que *entregue-se* é a sua filosofia de vida. O Senhor Jesus teria mais a falar aos seus discípulos sobre a cruz (Mc 9.31; 10.32-34), e o que Pedro escreveu em suas epístolas sobre sofrimento e glória indica que ele aprendeu muito bem a lição.

Observe que *Jesus voltou-se* (no original grego é *virou-se abruptamente*) e olhou para os demais discípulos antes de repreender a Pedro (v. 33), porque o que disse a este se aplica a todos os seus seguidores. A questão básica é: "De que lado estamos, de Deus ou de Satanás?" Jamais deve haver concessões. *Ninguém é mais nocivo à obra de Deus do que um líder que está fora da vontade dele*. Vemos isso dramaticamente retratado nos pecados de Abraão, Jacó, Josué e os reis Saul e Davi. Quando Satanás logra êxito em suas tentativas de causar o tropeço e a queda de um líder, ele influencia a vida de muitas pessoas, roubando a glória do Criador.

Pedro repreendeu Jesus imediatamente após ter sido abençoado pelo Mestre em função de sua confissão de fé (Mt 16.18-20). Devemos ter especial cautela nas mais elevadas e santas experiências da vida cristã, pois é quando Satanás, com frequência, lança os seus ataques. "Assim, aquele que julga estar firme, cuide-se para que não caia!" (1Co 10.12). Pedro cometeu o mesmo erro no monte da Transfiguração (Mt 17.1-5), bem como no aposento superior (Jo 13.2-10). Foi o mesmo Pedro que escreveu: "Sejam sóbrios e vigiem. O Diabo, o inimigo de vocês, anda ao redor como leão, rugindo e procurando a quem possa devorar" (1Pe 5.8).

Devemos aprender a caminhar pela fé, independentemente das circunstâncias que nos cercam ou dos sentimentos em nosso interior. Ambos podem ser enganosos, motivando-nos a ações e escolhas equivocadas. Pedro estava certo ao ser capaz de morrer pelo Senhor, ainda que tenha adormecido no jardim e, mais tarde, negado três vezes a Jesus (Lc 22.31-34). "O coração é mais enganoso que qualquer outra coisa e sua doença é incurável. Quem é capaz de compreendê-lo?" (Jr 17.9). Podemos achar que estamos sendo guiados diretamente pelo Espírito, mas é possível que estejamos sendo enganados pelos espíritos! "Amados, não creiam em qualquer espírito, mas examinem os espíritos para ver se eles procedem de Deus" (1Jo 4.1). Devemos orar, andar no Espírito e nos alimentarmos da Palavra de Deus para sempre termos o discernimento de detectar as enganosas ofertas do diabo. Necessitamos do discernimento de Deus, pois o inimigo é um habilidoso enganador.

Uma decisão séria (Mc 8.34-37)

A vida é um dom precioso de Deus e podemos fazer três coisas com essa dádiva. Podemos *desperdiçar* a nossa vida vivendo "numa boa" até descobrirmos, no fim de nossa existência, que, na verdade, não vivemos. Ou podemos *usufruir* da nossa vida, vivendo confortavelmente como nossos amigos e vizinhos, mas sem ter um propósito e a bênção de Deus. Vivemos apenas para agradar a nós mesmos. Podemos até deixar algum legado, mas nada enviamos adiante. Nossa escolha deve ser *investir* nossa vida, entregar tudo ao Senhor, segui-lo em todas as coisas e deixar com ele a definição dos dividendos. Esse tipo de vida é chamado de "discipulado". Isso é o que Jesus quis expressar quando disse aos discípulos e à multidão: "Se alguém quiser acompanhar-me, negue-se a si mesmo, tome a sua cruz e siga-me. Pois quem quiser salvar a sua vida, a perderá, mas quem perder a vida por minha causa e pelo evangelho, a salvará" (Mc 8.34-35).

Lucas 9.57-62 nos apresenta três discípulos em potencial, sendo que dois deles se ofereceram, e o outro foi chamado por Jesus. Todos os três falharam.

> Quando andavam pelo caminho, um homem lhe disse: "Eu te seguirei por onde quer que fores." Jesus respondeu: "As raposas têm suas tocas e as aves do céu têm seus ninhos, mas o Filho do homem não tem onde repousar a cabeça." A outro disse: "Siga-me." Mas o homem respondeu: "Senhor, deixa-me ir primeiro sepultar meu pai." Jesus lhe disse: "Deixe que os mortos sepultem os seus próprios mortos; você, porém, vá e proclame o Reino de Deus." Ainda outro disse: "Vou seguir-te, Senhor, mas deixa-me primeiro voltar e me despedir da minha família." Jesus respondeu: "Ninguém que põe a mão no arado e olha para trás é apto para o Reino de Deus."

A expressão "deixa-me ir primeiro" aparece duas vezes nessa narrativa (vv. 59, 61), mas esta frase jamais deveria sair dos lábios ou estar na mente de um verdadeiro discípulo. O correto é "Jesus primeiro". Eis como Jesus descreve um discípulo, em Marcos 8.34: "Se alguém quiser acompanhar-me, negue-se a si mesmo, tome a sua cruz e siga-me."

Nenhum dos três homens envolvidos neste episódio compreendeu, de fato, o verdadeiro discipulado. O primeiro queria assegurar conforto, mas os discípulos devem negar a si mesmos. O segundo desejava esperar pela morte de seu pai, mas *esperava-se que o filho tomasse a sua cruz e morresse diariamente!* O terceiro almejava desfrutar de uma festa de despedida, algo que pudesse garantir-lhe boas memórias no futuro. No entanto, os verdadeiros discípulos jamais olham para trás, mas somente para a frente, seguindo a Cristo.

A mensagem de nosso Senhor é clara: todo aquele que crê não é chamado para "um serviço cristão de tempo integral", mas *é* chamado para um viver cristão de tempo integral, *que é o discipulado*. É importante observar os tempos dos verbos, em Marcos 8.34: negamos a nós mesmos de uma vez por todas (Rm 12.1-2); tomamos a nossa cruz de uma vez por todas (Gl 2.20); e o seguimos em obediência e jamais olhamos para trás. Se nós, como os três candidatos a discípulos, mimarmos a nós mesmos e tentarmos nos salvar, perderemos a nossa vida e jamais teremos uma oportunidade de vivê-la novamente. Jesus disse: "Pois quem quiser salvar a sua vida, a perderá, mas quem perder a vida por minha causa e pelo evangelho, a salvará" (Mc 8.35).

Nosso Senhor não nos instrui a negar isto ou aquilo, mas a negarmos a nós mesmos. Isso abrange tudo! Ele não quer me dar uma coroa e fazer de mim uma celebridade, mas dar-me uma cruz e me tornar um sacrifício vivo e um diligente servo (Rm 12.1-2). Viver de maneira egoísta e ganhar o mundo todo com suas riquezas, prazeres e honras significa perder tudo! Quando um período de fome assolou a terra de Canaã, Abraão desobedeceu ao Senhor e fugiu para o Egito, levando consigo o seu sobrinho, Ló. E este foi o início da conquista do mundo para Ló e a perda de sua vida (Gn 12.10 – 13.13). Ao sentir o gosto do Egito (o mundo), Ló começou a andar pela vista e não pela fé, tendo o Egito como referência suprema. O resultado foi trágico para ele e sua família (Gn 19).

Jesus afirmou: "O ladrão vem apenas para furtar, matar e destruir; eu vim para que tenham vida, e a tenham plenamente" (Jo 10.10). Para nos dar vida, Jesus entregou a sua própria vida na cruz. E, agora, pede que entreguemos a nossa vida a ele, para que outros possam ouvir a mensagem da vida eterna. Entregamo-nos a Cristo em seu favor e dos pecadores que não conhecem o evangelho. Eis o paradoxo da vida cristã vitoriosa e frutífera: perdemos a nossa vida para ganhar a sua vida e compartilharmos essa nova vida com outros que possam vir a conhecê-lo. É pela causa de Jesus e do evangelho (Mc 8.35).

Um futuro glorioso (Mc 8.38 – 9.8)

Após ensinar aos discípulos sobre a cruz, nosso Senhor imediatamente passou a falar sobre o seu futuro e glorioso reino, bem como a glória que eles iriam compartilhar. Na vida cristã, sofrimento e glória caminham juntos. Com frequência, encontro nos lares cristãos uma placa com os dizeres: "Sem cruz, sem coroa." Jesus demonstrou essa simples afirmação quando levou Pedro, Tiago e João ao monte da Transfiguração, onde o Pai revelou a glória do Filho, bem como a glória do reino vindouro.

É interessante notar que Jesus envolveu estes mesmos discípulos em três experiências distintas: a transfiguração (Mc 9.1-13), a ressurreição da filha de

Jairo dentre os mortos (Mc 5.21-43) e a oração de agonia do nosso Senhor no jardim do Getsêmani (Mc 14.32-42). Esses três eventos me fazem lembrar de Filipenses 3.10: "Quero conhecer Cristo [a transfiguração], o poder da sua ressurreição [a filha de Jairo] e a participação em seus sofrimentos [no jardim com Jesus]."

Quando nosso Senhor ensinou aos discípulos primeiramente que ele daria a sua vida na cruz, Pedro opôs-se a Cristo, sendo repreendido por ele. "Para trás de mim, Satanás!" (Mc 8.33). O título *Satanás* significa *adversário, inimigo*. No entanto, Pedro era um apóstolo escolhido! Sim, ele era, mas quando os filhos de Deus opõem-se à vontade divina e vivem conforme o mundo, eles se tornam inimigos do Criador! Paulo fez aos cristãos filipenses uma admoestação sobre isso. "Irmãos, sigam unidos o meu exemplo e observem os que vivem de acordo com o padrão que lhes apresentamos. Pois, como já disse repetidas vezes, e agora repito com lágrimas, há muitos que vivem como inimigos da cruz de Cristo. Quanto a estes, o seu destino é a perdição, o seu deus é o estômago e têm orgulho do que é vergonhoso; eles só pensam nas coisas terrenas" (Fp 3.17-19). Ele estava escrevendo sobre cristãos professos *nas igrejas!* Infelizmente, eles ainda estão entre nós. Jesus não deixou dúvidas de que segui-lo significaria ser desprezado e odiado pelo mundo e até mesmo por cristãos mundanos.

O apóstolo Pedro apegou-se à verdade de que o sofrimento obediente leva, no fim das contas, à glória.

Jesus revelou-lhe que, um dia, o apóstolo estenderia as suas mãos e seria crucificado (Jo 21.18-19), e quando isso acontecesse, Pedro saberia que a glória o esperava, tal como aguardava por Jesus, quando o Filho de Deus foi crucificado (1Pe 1.11, 21). Os cristãos a quem Pedro endereçou a sua primeira epístola foram assegurados de que a iminente perseguição os levaria à glória eterna (1Pe 4.12-19; 5.1-4). Pedro os instou a viverem de maneira piedosa de modo a glorificarem Jesus e testemunharem aos incrédulos.

Nosso Senhor jamais ensinou que a vida cristã seria fácil, confortável e livre de perigos. Já ouvi esse tipo de pregação de evangelistas da "saúde e riqueza" e as rejeito porque Jesus ensinou exatamente o oposto! "Neste mundo vocês terão aflições; contudo, tenham ânimo! Eu venci o mundo" (Jo 16.33; veja Mt 5.10-12; 10.16-26; Rm 8.17, 35-39; Jo 15.18-27). Se sofremos em consequência de nossas ações erradas, é porque merecemos, porém, se sofremos por fazermos o bem e nos posicionarmos pelo que é justo, isso é outra coisa (1Pe 3.13 – 4.19).

Certa vez, vi um cartaz com os seguintes dizeres: "Se Jesus é o seu Senhor, então o futuro é seu amigo." Nosso sofrimento por Cristo hoje significa a glória com ele no futuro. *As feridas do nosso Senhor no Calvário estão hoje glorificadas no céu!* Se nos mantivermos fiéis, um dia veremos nossas próprias cicatrizes transformadas em resplendor para a glória de Deus.

Devemos perder a nossa vida se quisermos salvá-la.

Mas, se a salvarmos para nós mesmos, iremos perdê-la.

Já avaliamos o custo?

Paradoxo

8

Quando a luz se transforma em trevas

Não acumulem para vocês tesouros na terra, onde a traça e a ferrugem destroem, e onde os ladrões arrombam e furtam. Mas acumulem para vocês tesouros no céu, onde a traça e a ferrugem não destroem, e onde os ladrões não arrombam nem furtam. Pois onde estiver o seu tesouro, aí também estará o seu coração. Os olhos são a candeia do corpo. Se os seus olhos forem bons, todo o seu corpo será cheio de luz. Mas se os seus olhos forem maus, todo o seu corpo será cheio de trevas. Portanto, se a luz que está dentro de você são trevas, que tremendas trevas são! Ninguém pode servir a dois senhores; pois odiará a um e amará o outro, ou se dedicará a um e desprezará o outro. Vocês não podem servir a Deus e ao Dinheiro. (Mt 6.19-24)

Porque outrora vocês eram trevas, mas agora são luz no Senhor... Não participem das obras infrutíferas das trevas; antes, exponham-nas à luz. (Ef 5.8-11).

Façam tudo sem queixas nem discussões, para que venham a tornar-se puros e irrepreensíveis, filhos de Deus inculpáveis no meio de uma geração corrompida e depravada, na qual vocês brilham como estrelas no universo. (Fp 2.14-15)

Nosso mundo hoje reivindica estar experimentando o alvorecer de um iluminismo sem precedentes, porém tenho minhas dúvidas sobre a veracidade dessa afirmação. Admito que o avanço tem sido notável em algumas áreas da ciência, da medicina, bem como das comunicações, mas temo que estejamos mergulhando cada vez mais na escuridão no que se refere à obediência da lei, respeito aos direitos humanos, ao exercício da sabedoria, à construção do caráter, ao aprendizado do amor e ao servir uns aos outros para a glória de Deus.

Para obter essas bênçãos necessitamos do auxílio do Senhor, mas, infelizmente, Deus foi oficialmente retirado da lista de disponibilidade. Hoje em dia, o maior objetivo na vida parece ser aumentar a diversão e o prazer, ao invés de desenvolver um iluminismo e um enriquecimento moral e espiritual. Penso que estamos vivendo em meio a uma cultura de trevas que se adensa a cada dia que passa. Na Bíblia, há mais de duzentas referências às trevas, não apenas no sentido físico, mas também como uma escuridão satânica, que controla a mente e o coração de incrédulos e ataca a vida e os ministérios dos que creem.

As trevas mais densas que vivenciei foi nas profundezas da caverna Mammoth, no Kentucky. Nosso guia nos alertou que as luzes seriam desligadas brevemente e que não deveríamos sair de nossos lugares. Quando as luzes se apagaram, pode ter certeza de que ninguém sequer pensou em sair do lugar onde estava! Essa experiência me deu uma ideia do que os egípcios vivenciaram quando Deus os puniu com três dias de espessas trevas (Êx 10.21-29). Contudo, aquele tipo de trevas é somente a ausência de luz. As trevas espirituais, descritas na Bíblia, constituem uma poderosa força, significando a presença e a obra do diabo (Lc 22.53). "Pois a nossa luta não é contra pessoas, mas contra os poderes e autoridades, contra os dominadores deste mundo de trevas, contra as forças espirituais do mal nas regiões celestiais" (Ef 6.12). Eis uma declaração da mais elevada seriedade.

O que é essencial ao povo de Deus para sobrepujar as hostes das trevas neste "iluminado" mundo atual?

Devemos nos entregar totalmente ao Senhor

A palavra "corpo" é usada sete vezes no Sermão do Monte (Mt 5.29-30; 6.22, 23, 25), porque o que fizermos com o nosso corpo irá glorificar a Deus ou desonrar o nome de Jesus (Mt 5.13-20). Agora, quero me concentrar na passagem de Mateus 6.22-23. (Veja citação na abertura deste capítulo). O corpo do que crê é o templo do Altíssimo, habitado pelo Espírito Santo (1Co 6.19-20). Cristo comprou o nosso corpo ao derramar o seu sangue na cruz e deseja que vivamos de modo a sempre glorificarmos a Deus. Jesus advertiu os seus ouvintes a não cultivarem o tipo de justiça praticado pelos escribas e fariseus (Mt 5.20). Eles tinham um tipo de justiça que não provinha do coração, tampouco glorificava a Deus. Exteriormente, os tais pareciam muito religiosos, porém no interior lhes faltava a vida e o amor do Senhor. Em Mateus 23, Jesus chama-os de "hipócritas" (falsos) e denuncia as suas práticas religiosas. Uma vez que o corpo do que crê é o templo de Deus, devemos evitar a hipocrisia e viver de modo a glorificá-lo.

A passagem de Romanos 12.1-2 é muito conhecida e nos instrui a entregarmos ao Senhor o nosso corpo, a nossa mente e a nossa vontade, servindo como "sacrifício vivo" e agradável a Deus. Não podemos servir a dois senhores (Mt 6.24), pois somente Jesus deve ser o nosso Senhor. "Por que vocês me chamam 'Senhor, Senhor' e não fazem o que eu digo?" (Lc 6.46). Os mandamentos do Criador não são fardos a serem carregados, mas bênçãos a compartilhar e oportunidades de glorificar a Deus enquanto ministramos aos outros.

O corpo do cristão não é apenas o templo do Senhor, mas igualmente é sua ferramenta. Ele deseja usar os membros de nosso corpo como "instrumentos de justiça" (Rm 6.13-14). Nascemos dotados de certas habilidades e, quando nascemos de novo, recebemos dons espirituais compatíveis com nossas habilidades naturais (1Co 12). Quanto a mim, nasci com uma mente inquisitiva e um amor pela leitura e por livros. Quando fui salvo, recebi o dom do ensino e esse tem sido meu ministério desde então. Todos os que creem em Cristo devem descobrir que dom ou dons possuem, usando-os para a edificação da igreja. O que nos torna servos de Deus bem-sucedidos não são os nossos talentos ou mesmo o nosso treinamento, por mais importantes que sejam, mas nossa submissão e obediência ao Senhor, bem como nossa dependência do poder do Espírito Santo.

O corpo do cristão é o templo e a ferramenta de Deus, mas igualmente é o seu tesouro. "Mas temos esse tesouro [o evangelho] em vasos de barro, para mostrar que este poder que a tudo excede provém de Deus, e não de nós" (2Co 4.7). Do pó da terra os nossos corpos foram formados (Gn 2.7) e, não obstante, o Espírito Santo de Deus está disposto a habitar em nosso interior e nos capacitar para compartilhar a Palavra com os outros. Toda a glória deve ser dada somente ao Criador! O fato de sermos vasos de *barro* é secundário, pois o mais importante é guardarmos a Palavra de Deus em nosso coração, cooperarmos com o Espírito e mantermos nosso vaso limpo. Macular o corpo é pecar contra o Senhor, entristecer o Espírito e perder o poder do Altíssimo.

Devemos ter um "bom olho"

Nossos versículos-chave são Mateus 6.22-23: "Os olhos são a candeia do corpo. Se os seus olhos forem bons, todo o seu corpo será cheio de luz. Mas se os seus olhos forem maus, todo o seu corpo será cheio de trevas. Portanto, se a luz que está dentro de você são trevas, que tremendas trevas são!" O paradoxo aqui é que o mundo perdido pensa ser iluminado e que os cristãos estão nas trevas, quando o contrário é que é verdadeiro, ou seja, o mundo jaz nas trevas e os cristãos possuem a luz. Ao confiar em Jesus Cristo como meu Senhor e Salvador, as trevas em mim foram dissipadas pela luz e muito do que era considerado luz no mundo provou ser apenas trevas.

A visão sempre determina o resultado. Eva olhou para a árvore proibida, desejou o fruto, comeu-o e compartilhou o fruto com Adão, sendo ambos punidos pelo Senhor (Gn 3.1-7). Ló olhou para as planícies do Jordão, escolheu-as como seu lar e terminou perdendo tudo (Gn 13.10; Gn 19). O rei Davi olhou luxuriosamente para a esposa de seu vizinho e pagou um elevado preço pelos pecados que resultaram desse olhar (2Sm 11-12). Os olhos veem, a mente imagina, o coração deseja e a vontade age. Tiago 1.12-18 descreve a tentação e o pecado como um tipo de gravidez (veja também Jó 15.35; Sl 7.14; Is 33.11; 59.4, 13). Dar à luz o pecado, dia após dia, é uma triste maneira de se viver.

O mundo olha para os cristãos e conclui que eles estão "na escuridão" ou que "vivem na era das trevas", mas, na realidade, são os *des*crentes que jazem "nas trevas". Os cristãos espirituais veem as coisas como elas realmente são. O povo de Deus, dotado de uma visão espiritual saudável, não tenta trilhar dois caminhos ao mesmo tempo, servindo a dois senhores (Mt 6.24) e possuindo uma mente dividida (Tg 1.6-8; 4.7-10). Um olho dividido fornece a você uma visão distorcida da vida, enquanto o olho são capacita-o a ver o mundo como ele é. Se você está andando com Deus, pode depender dos "olhos do coração" (Ef 1.18) para enxergar a verdade. No tocante às coisas espirituais, os não convertidos só veem a escuridão, mas os filhos do Altíssimo veem a luz do Senhor e a sua verdade.

O tema envolvendo luz, trevas e discernimento espiritual permeia o Evangelho de João.

Com frequência, quando Jesus falou sobre temas espirituais, os ouvintes incrédulos interpretavam-nos literalmente, como assuntos materiais. "E a luz resplandece nas trevas, e as trevas não a compreenderam" (Jo 1.5 — ARC). Houve ocasiões em que até mesmo os seguidores de Jesus ficaram no escuro! Por exemplo, em João 2.18-21, Cristo fez revelações sobre sua morte e ressurreição, mas os seus ouvintes entenderam que ele falava sobre destruir e reconstruir o templo em Jerusalém. No capítulo 3, Nicodemos não conseguiu compreender o nascimento espiritual (v. 9), e a mulher samaritana, no capítulo 4, ficou confusa com relação à "água viva" e à água física do poço de Jacó (Jo 4.11-12). No mesmo capítulo, quando Jesus falou sobre a vontade de Deus, os seus discípulos acharam que o Mestre falava sobre comida literal (vv. 31-38). A mensagem de nosso Senhor sobre seu povo comer sua carne e beber o seu sangue foi compreendida de modo literal pela multidão de judeus (Jo 6.41-58), bem como as suas referências sobre o céu (Jo 7.32-36; 8.21-22). Igualmente, os seus ouvintes não entenderam o que Cristo falou sobre liberdade (Jo 8.31-36). Jesus comparou a morte ao sono, mas os apóstolos não compreenderam a imagem (Jo 11.11-13), e Marta ficou confusa quanto à ressurreição (Jo 11.20-27).

Jesus é a luz do mundo (Jo 8.12), mas os descrentes amam a escuridão e odeiam a luz (Jo 3.19-21). Eles acham que possuem a luz, mas, na verdade, vivem em total escuridão espiritual. João Batista apresentou Jesus à multidão (Jo 1.29) porque ele "veio como testemunha da luz" (Jo 1.6-9). *A única pessoa à qual se deve dizer que a luz está brilhando é a uma pessoa cega!* A congregação de João era espiritualmente cega, em especial os líderes religiosos. No entanto, como seguidores de Cristo, devemos manter sã a nossa visão espiritual, conhecendo as Escrituras (Sl 19.8; 119.105, 130; Pv 6.23). Caso contrário, os olhos de nosso coração se enfraquecerão. "Ai dos que chamam ao mal bem e ao bem, mal, que fazem das trevas luz e da luz, trevas, do amargo, doce e do doce, amargo. Ai dos que são sábios aos seus próprios olhos e inteligentes em sua própria opinião" (Is 5.20-21).

Com respeito ao conhecimento espiritual, os olhos dos descrentes não possuem a percepção visual, porém os que creem possuem uma visão espiritual que deve ser cuidadosamente preservada. "Pois em ti está a fonte da vida; graças à tua luz, vemos a luz" (Sl 36.9). Deus é luz (1Jo 1.5), Jesus, o Filho de Deus, é luz (Jo 8.12), assim como o Espírito de Deus (Ap 4.5) e a sua Palavra (Sl 119.105) são luz. Se nos familiarizarmos com estas luzes divinas, delas podemos obter ajuda para compreendermos melhor outras luzes, como a luz da natureza, a luz da história e até mesmo a luz da literatura. Durante os meus anos como jovem estudante, meu conhecimento das Escrituras capacitou-me a obter mais de meus estudos, incluindo história, belas artes e literatura. Por exemplo, quando abri *Moby Dick* e li a primeira linha — "Trate-me por Ishmael" — senti-me em casa!

Contudo, o Espírito Santo também utilizará a luz das Escrituras para nos ensinar sobre as pessoas e circunstâncias que cruzarão o nosso caminho — *e sobre nós mesmos!* Enquanto estudo o passado, meu Pai celestial quer que eu veja as verdades bem como os fatos, tanto o caráter quanto a conduta, as convicções assim como as opiniões. Relembrando o que G. Campbell Morgan costumava dizer, "História é a sua história".

Jesus alertou contra a visão dupla. Ele conhecia a tendência de as pessoas desejarem mais do que o mundo tem a oferecer e tentarem, ao mesmo tempo, manter os olhos em Cristo. Somos tão influenciados pela cultura na qual vivemos, que medimos o sucesso por quanto ganhamos e possuímos, em vez de nosso crescimento no Senhor. A cobiça é um pecado especialmente perigoso. Gabamo-nos de possuir "coisas" quando, na realidade, o mais provável é que tais coisas nos possuam. Se as coisas que possuímos forem usadas para servir os outros e honrar ao Senhor, então estamos acumulando tesouros no céu. Contudo, se tudo o que fazemos tem por objetivo "manter as aparências" para impressionar pessoas, então estamos acumulando tesouros neste mundo e perdendo os verdadeiros tesouros do Senhor.

A preocupação é um dos sintomas característicos da cobiça (Mt 6.23-24). Por quê? Porque tesouros na terra podem ser roubados ou sofrer deterioração, enquanto tesouros usados para servir a Deus são guardados em segurança no céu. Li sobre um dedicado cristão que doou uma considerável soma em dinheiro a um colégio cristão. Meses mais tarde, ele perdeu um valor quase equivalente ao que fora doado em função de inesperados reveses econômicos globais.

— Que infelicidade ter doado todo aquele dinheiro — um amigo lhe disse.

— Que nada! — respondeu o empresário. — Entreguei aquele dinheiro ao Senhor e, além de ser o dinheiro que ainda tenho, está em local seguro!

Conforme Colossenses 3.5, a cobiça é idolatria, ou seja, depositar a fé e a esperança no material ao invés de no espiritual, em benefício próprio e não para o Senhor. Se desejamos uma herança no céu, devemos agora mesmo começar a usar os nossos recursos materiais para a glória do Pai (Mt 6.19-21). "Ordene aos que são ricos no presente mundo que não sejam arrogantes, nem ponham sua esperança na incerteza da riqueza, mas em Deus, que de tudo nos provê ricamente, para a nossa satisfação" (1Tm 6.17). Aqueles que estão sempre desejando mais "coisas" raramente sentem-se satisfeitos (Ec 4.8). De maneira alguma, economizar dinheiro ou ter bens materiais é algo reprovável ou ruim, mas o problema ocorre quando somos possuídos por eles. "Pois o amor ao dinheiro é raiz de todos os males" (1Tm 6.10). Ao ver o jovem rico rejeitar a vida eterna, Cristo lamentou, dizendo: "Como é difícil aos ricos entrar no Reino de Deus!" (Lc 18.24). Seus discípulos ficaram atônitos com estas palavras e perguntaram: "Então, quem pode ser salvo?" (v. 26). Os judeus daquela época acreditavam que todo aquele que tinha uma grande riqueza era especialmente abençoado por Deus, mas Jesus ensinou o contrário (Lc 6.20-26; 12.15).

Devemos ter um coração que busque a Deus

Jesus nos revela o que as pessoas do mundo estão buscando. "Portanto, não se preocupem, dizendo: 'Que vamos comer?' ou 'Que vamos beber?' ou 'Que vamos vestir?' Pois os pagãos é que correm atrás dessas coisas; mas o Pai celestial sabe que vocês precisam delas. Busquem, pois, em primeiro lugar o Reino de Deus e a sua justiça, e todas essas coisas serão acrescentadas a vocês" (Mt 6.31-33). A maioria dos anúncios veiculados em revistas e jornais, na televisão e no rádio, incentiva a compra de bens materiais e a edificação da vida sobre tais bens, sendo que possuir e desfrutar deles não é essencialmente errado. No entanto, Cristo considera esses bens como "dividendos extras", concedidos pelo Pai aos que colocam Cristo e seu reino no primeiro lugar de sua vida. As pessoas que vivem apenas para as coisas materiais privam a si mesmas de bênçãos maiores: a justiça e o governo de Deus em sua vida. Os que vivem para obter coisas gastam seus dias em constante preocupação, enquanto os que consideram Deus em primeiro lugar e vivem para a expansão de seu reino permanecem confiantes na promessa de que Deus satisfará todas as suas necessidades (Fp 4.19).

Recebemos a justiça de Deus e temos acesso ao seu reino quando confiamos em Jesus como nosso Salvador e Senhor (2Co 5.16-21), e crescemos em graça e serviço quando lhe obedecemos e encorajamos os perdidos a receberem a Cristo. Nossa oração: "Venha o teu reino" refere-se essencialmente ao retorno de Jesus Cristo, porém igualmente nos relembra que ele deseja compartilhar o seu reino *hoje*, nos lares, escolas, escritórios, hospitais e salões do governo. Onde houver um dedicado cristão, ali estará o reino de Deus. Quando consideramos primeiramente a Cristo e lhe obedecemos, capacitamos o Espírito Santo a trabalhar em e por meio de nós, enquanto andamos no Espírito. O Reino de Deus estava lá, na prisão de Filipos, onde Paulo era cuidado por Deus (At 16.16-34). O mesmo ocorreu quando o apóstolo estava no barco, em meio a uma tormenta (Atos 27). Na prisão romana, Paulo escreveu a Timóteo: "Na minha primeira defesa, ninguém apareceu para me apoiar; todos me abandonaram... Mas o Senhor permaneceu ao meu lado e me deu forças" (2Tm 4.16-17). O imperador podia estar contra Paulo, mas o Rei dos reis era por ele!

O mundo busca por coisas e vive preocupado e insatisfeito, enquanto os que creem e colocam Jesus Cristo no primeiro lugar possuem tudo o de que necessitam. O futuro do povo de Deus significa luz eterna no céu (Ap 22.5), mas, para os descrentes, o futuro significa "trevas" (Mt 8.10-12; 22.13; 25.30). Os incrédulos acham que o povo de Deus está em trevas e precisa ser mais inteligente, porém, na verdade, eles é que andam nas trevas e necessitam ver a luz e confiar em Jesus, a luz do mundo (Jo 8.12). Cristo disse: "Eu vim ao mundo como luz, para que todo aquele que crê em mim não permaneça nas trevas" (Jo 12.46).

Paradoxo 9

Desconhecidos, apesar de bem conhecidos

...como desconhecidos, apesar de bem conhecidos. (2Co 6.9)

Quando chegou a Jerusalém, tentou reunir-se aos discípulos, mas todos estavam com medo dele, não acreditando que fosse realmente um discípulo. Então Barnabé o levou aos apóstolos e lhes contou como, no caminho, Saulo vira o Senhor, que lhe falara, e como em Damasco ele havia pregado corajosamente em nome de Jesus. Assim, Saulo ficou com eles, e andava com liberdade em Jerusalém, pregando corajosamente em nome do Senhor. (At 9.26-28)

O SENHOR vê os caminhos do homem e examina todos os seus passos. (Pv 5.21)

Os olhos do SENHOR estão em toda parte, observando atentamente os maus e os bons. (Pv 15.3)

Enquanto esperava por eles em Atenas, Paulo ficou profundamente indignado ao ver que a cidade estava cheia de ídolos. Por isso, discutia na sinagoga com judeus e com gregos tementes a Deus, bem como na praça principal, todos os dias, com aqueles que por ali se encontravam. Alguns filósofos epicureus e estoicos começaram a discutir com ele. Alguns perguntavam: "O que está tentando dizer esse tagarela?" Outros diziam: "Parece que ele está anunciando deuses estrangeiros", pois Paulo estava pregando as boas-novas a respeito de Jesus e da ressurreição. (At 17.16-18)

Vejam como é grande o amor que o Pai nos concedeu: que fôssemos chamados filhos de Deus, o que de fato somos! Por isso o mundo não nos conhece, porque não o conheceu. (1Jo 3.1)

Mas Jesus não se confiava a eles, pois conhecia a todos. Não precisava que ninguém lhe desse testemunho a respeito do homem, pois ele bem sabia o que havia no homem. (Jo 2.24-25)

Nada, em toda a criação, está oculto aos olhos de Deus. Tudo está descoberto e exposto diante dos olhos daquele a quem havemos de prestar contas. (Hb 4.13)

A minha caneca de café favorita traz a seguinte inscrição: "A reputação pode se formar em um instante. O caráter leva a vida toda." Não houve espaço suficiente na caneca para incluir o autor desta frase, mas quem quer que seja, certamente falou a verdade. O autor americano, Elbert Hubbard, concordou com esse autor desconhecido ao escrever: "A reputação de muitos homens não conheceria seu caráter se o encontrasse na rua."

Na história, há pessoas cujas reputações são conhecidas por milhões, porém poucos são os que gostariam de imitar os seus respectivos caracteres. Igualmente, há pessoas de caráter puro que têm as suas reputações manchadas por inimigos invejosos e detestáveis, cuja maior virtude é contar mentiras. O apóstolo Paulo pode ser incluído nesta segunda categoria, assim como nosso Senhor Jesus Cristo. Os inimigos de nosso Senhor acusaram-no de estar endemoniado, chamando-o até mesmo de comilão e beberrão (Mt 11.18-19).

A congregação em Corinto estava dividida em quatro facções porque nem todos tinham a mesma opinião sobre o caráter e o ministério de Paulo (1Co 1.10-17). Alguns questionavam a sua autoridade apostólica, enquanto outros o acusavam de usar o seu ministério para ganho pessoal. Em suas epístolas, o apóstolo Paulo defendeu-se e amorosamente mostrou as inúmeras maneiras pelas quais a igreja havia falhado na obediência à vontade de Deus. Os cristãos de Corinto reivindicavam conhecer tudo sobre Paulo, mas, na realidade, eles nada conheciam sobre o apóstolo. Dessa forma, Paulo passou a relatar em suas cartas os perigos e dificuldades que havia enfrentado em prol deles (2Co

11-12). O apóstolo não era uma celebridade famosa e tampouco almejava ser. Antes, era um servo fiel, "como desconhecidos, apesar de bem conhecidos" (2Co 6.9). Na história da igreja, é possível encontrar os nomes de muitos homens e mulheres famosos que, como Paulo, serviram e sofreram, mas, não obstante, foram ignorados ou criticados pelas próprias pessoas às quais dedicaram o seu melhor.

Enquanto refletia sobre este paradoxo, "como desconhecidos, apesar de bem conhecidos", descobri-me indagando três questões.

Realmente conhecemos os outros?

Ao longo dos mais de sessenta anos de nosso ministério, minha esposa e eu temos conhecido muitas pessoas, não apenas nos Estados Unidos, mas também em inúmeros outros países. Algumas viemos a conhecer muito bem, enquanto outras são pessoas com as quais temos um relacionamento ocasional. Para sair do primeiro estágio e avançar ao segundo, é necessário viajar com as pessoas e passar tempo com elas em suas casas. Paulo investiu dezoito meses ministrando aos coríntios durante a sua primeira estada e, embora esse período nem se compare aos quase três anos que permaneceu em Éfeso, foi suficiente para aprender a amar aqueles cristãos e guardá-los no coração.

No entanto, alguns daqueles cristãos não tiveram o mesmo sentimento em relação ao apóstolo, e isso deu origem a sérios problemas. Em sua primeira carta aos cristãos de Corinto, Paulo disse que Deus havia feito dele e de outros apóstolos "um espetáculo para o mundo" (1Co 4.9). A palavra traduzida como "espetáculo" (*theatron*, no texto grego) dá origem ao termo "teatro". Em outras palavras, essas pessoas consideravam o apóstolo Paulo como apenas um ator desempenhando um papel. Porém, isso o tornaria um hipócrita, um termo grego que significa "ator teatral". Nos dias de Paulo, havia pessoas que não eram sinceras em seu testemunho cristão, representando apenas um papel (2Co 11.5-15), mas certamente o apóstolo não era uma delas. Em minha própria experiência, já trabalhei ao lado de pessoas que revelaram ser fingidas e, com o tempo, seguiram o exemplo de Demas e retornaram ao mundo (2Tm 4.10).

Ocasionalmente, Paulo não era identificado com precisão. Mesmo apóstolos cristãos não o reconheceram como um dos seus e tinham receio dele, porém Barnabé o defendeu e eles mudaram de atitude (At 9.26-30). Os eruditos gregos em Atenas pensaram que ele fosse um filósofo forasteiro e confuso (At 17.18-20), e os soldados romanos acharam se tratar de um fugitivo criminoso egípcio (At 21.37-39). Festo, o governador romano, admitiu saber quase nada a respeito do apóstolo (At 25.13-27). Contudo, os demônios reconheceram Paulo (At 19.11-15)! E, não obstante, durante todo o seu ministério, Paulo jamais lançou mão do engano, mas sempre foi honesto e sem fraude em suas atividades como apóstolo (2Co 6.1-10).

Como podemos verificar e nos assegurar de que potenciais membros da igreja ou da liderança já nasceram de novo (2Pe 2.1-3)? Em sua primeira epístola, o apóstolo João nos fornece algumas inspiradas "marcas de nascimento" dos verdadeiros cristãos, principiando com a obediência aos mandamentos do Senhor (1Jo 2.1-6). Cristãos genuínos possuem amor pelo povo de Deus (2.7-11) e expressam uma vida cristã consistente (2.12-14). Eles são separados do mundo (2.15-17), fiéis ao povo de Deus e à sua Palavra (2.18-23). Assim, devemos buscar a orientação do Santo Espírito (2.20, 27), caso contrário, negligentemente permitiremos que muitos "anticristos" comecem a infectar a igreja (1Jo 2.18-19). Na parábola do joio, Jesus nos alerta sobre o fato de Satanás ser um falsificador que semeia falsos cristãos onde Jesus planta cristãos genuínos (Mt 13.24-30, 36-43). Paulo ensina o mesmo (2Co 11.13-15). Assim, devemos pedir a Deus por humildade e sabedoria (Tg 1.5), prestando atenção ao texto de Mateus 7.1-6, caso contrário talvez não conheçamos, de fato, as pessoas que estamos tentando servir. Se você já foi mal compreendido, então sabe quão doloroso isso pode ser.

Jesus conhece o que há no interior de cada pessoa (Jo 2.23-25). Ele sabia quem Pedro era e no que ele se tornaria (Jo 1.42; 21.17-19), bem como conhecia Natanael (Jo 1.43-51). Jesus podia ler o coração e a mente das multidões (Jo 5.38-47; 6.60-66) e dos críticos (Mt 9.4; 12.25). Ele sabia de antemão que Judas o trairia (Jo 6.67-71; 13.11). O rei Davi advertiu o seu filho Salomão de que "o SENHOR sonda todos os corações e conhece a motivação dos pensamentos" (1Cr 28.9). Ele ainda escreveu que Deus "conhece os segredos do coração" (Sl 44.21; 139.1-6). "O coração é mais enganoso que qualquer outra coisa e sua doença é incurável. Quem é capaz de compreendê-lo?" (Jr 17.9). O apóstolo João alertou as igrejas de sua época, bem como as atuais: "Então, todas as igrejas saberão que eu sou aquele que sonda mentes e corações" (Ap 2.23).

Quanto mais experiente me torno nas coisas do Senhor, mais compreensivo e perdoador me sinto com respeito aos que me atacaram ou mesmo apenas discordaram de mim. Não acho que estou ficando condescendente, mas realmente acredito que o Senhor está me capacitando a praticar aquele amor que "não guarda rancor" e "tudo suporta" (1Co 13.5, 7). Hoje, sinto-me muito mais à vontade para chamar de "cristãos" outros que não estão em meu, assim chamado, "clubinho" e espero que eles sintam o mesmo a meu respeito.

Realmente conhecemos a nós mesmos?

Os psicólogos nos dizem que a infância é um período para fingimentos e simulações, mas a maturidade exige que sejamos autênticos e não portadores de máscaras. A idade madura somente pode ser desenvolvida a partir da realidade. Em Mateus 23, Jesus acusou os fariseus de serem hipócritas. O significado do termo grego traduzido como "hipócrita" é "ator teatral", pois os antigos atores gregos costumavam usar máscaras para representar os diversos papéis de uma peça. Isso não significa que não podemos cumprir os inúmeros papéis de um adulto durante o dia — pai, irmão, empregado, amigo ou vizinho —, mas que devemos sempre ser a mesma pessoa, independentemente do papel que estejamos desempenhando. Sermos verdadeiros com nós mesmos unifica a nossa vida, porém uma vez que o falso eu surge, nos tornamos inconstantes, e isso resulta em instabilidade (Tg 1.8). Podemos momentaneamente impressionar os outros, mas não estaremos edificando o tipo de caráter maduro que honra o Senhor e leva a uma vida cristã frutífera.

Muitas pessoas são ignorantes quanto ao seu próprio potencial, o que o Senhor pode obter delas e realizar por meio delas. Moisés argumentou com Deus que ele não era qualificado para liderar o povo de Israel (Êx 3-4). Não obstante, veja o que ele realizou ao responder sim a Deus. Gideão tinha certeza de que ele e sua família eram perdedores, mas Deus transformou-o em um corajoso general (Jz 6-7). O jovem profeta Jeremias sentia-se despreparado para o seu ministério, porém que notável servo ele se mostrou (Jr 1)!

No entanto, ainda nos espreita o potencial para falhas se não formos honestos com nós mesmos. O rei Saul tinha uma impressionante estatura física e grande popularidade, mas a inveja, o orgulho e a gradual decadência espiritual levaram-no à derrota e à morte. O apóstolo Pedro era um homem corajoso, disposto a morrer por Jesus, se preciso fosse. No entanto, ele dormiu quando deveria estar orando, atacou quando deveria obedecer e seguiu Jesus quando deveria fugir. Porém, considere que *todos* os discípulos fizeram coro à declaração de Pedro e, portanto, eles também são culpados (Mt 26.31-35).

Os escribas e fariseus eram culpados de cultivar um falso eu que os impedia de receber a verdade de Deus. Eles se recusavam a olhar para si mesmos com honestidade e submeterem-se à vontade do Senhor.

Como nos familiarizamos com nós mesmos? Prestando atenção ao ensinamento do Senhor e nos submetendo à sua prova, o que Hebreus 12.1-11 chama de disciplina. Satanás nos tenta para extrair o que há de *pior* em nós, mas Deus nos prova a fim de extrair o que há de *melhor* em nós. Quando o Criador nos disciplina, não é como um juiz que pune um criminoso, mas como um Pai amoroso ajudando os filhos no processo de autodescobrimento e desenvolvimento. Davi experimentou muita provação da parte do Senhor, porém sua fé e obediência transformaram o jovem pastor em um vitorioso soldado e um bem-sucedido rei.

Como irmãos e irmãs na família de Deus, podemos nos ajudar mutuamente na descoberta de nossas forças e na superação de nossas fraquezas. Sou grato a Deus pela família, amigos e colaboradores que muito têm me auxiliado no processo de compreensão de mim mesmo e de meu trabalho. "Quem fere por amor mostra lealdade, mas o inimigo multiplica beijos" (Pv 27.6). Devemos nos olhar no espelho da Palavra de Deus (Tg 1.21-27) e pedir ao Pai que lide com nossas fraquezas e proteja as nossas forças. Devemos confessar nossos pecados ao Senhor (1Jo 1.9) e nos "lavar" na água da Palavra (Ef 5.26). Vivenciar o perdão de Deus é uma experiência humilhante que reafirma que pertencemos a ele, bem como o seu amor.

Realmente conhecemos o Senhor?

No Antigo Testamento, a nação de Israel era, com frequência, culpada de cegueira espiritual, uma falta de compreensão do coração e da mente de seu grandioso Criador. Eles ouviram a sua divina voz e testemunharam as suas maravilhas, porém, não obstante, deliberadamente desobedeceram à sua vontade, algumas vezes tentando a Deus e, em outras, rebelando-se voluntariamente. Contudo, quando leio os quatro evangelhos, sou relembrado de que os doze apóstolos nem sempre compreenderam o caráter, o poder e as obras de Jesus. Algumas vezes eles fizeram sugestões até mesmo ultrajantes. Porém, antes de denunciarmos Israel ou os apóstolos, deveríamos rever a história da igreja e admitir que os nossos antepassados nem sempre foram obedientes e tampouco nós somos.

Os doze apóstolos tiveram o privilégio de conviver com Jesus, de ouvir as suas palavras e de ver as suas obras. No entanto, por diversas vezes, não o conheceram de fato. Eles repreenderam um homem que estava expulsando demônios no nome de Jesus (Mc 9.38-41), tentaram impedir os pais de levarem seus filhos até o Mestre (Mc 10.13-16). Tiago e João queriam chamar fogo do céu para destruir uma vila samaritana pouco amistosa (Lc 9.51-56). Ainda, aconselharam Jesus a dispensar uma multidão faminta para que as pessoas pudessem encontrar comida por si mesmas (Mt 14.15), assim como sugeriram despedir uma mulher gentia, cuja filha estava endemoniada, por sua perturbadora insistência (Mt 15.22-28). Ao contar aos seus discípulos que seria crucificado em Jerusalém, Cristo foi puxado de lado por Pedro, que o repreendeu (Mt 16.21-23). Não é de admirar que, certo dia, Jesus tenha exclamado: "Até quando terei que suportá-los?" (Mt 17.17)!

Deus deseja que o conheçamos pessoalmente, pois conhecê-lo é amá-lo e amá-lo é adorá-lo e obedecer-lhe. À medida que estivermos "crescendo no conhecimento de Deus" (Cl 1.10), também estaremos recebendo a graça e o perdão de que necessitamos para servi-lo dia a dia (2Pe 1.2). A luz do Altíssimo tem brilhado em nosso coração e nos trazido o "conhecimento da glória de Deus na face de Cristo" (2Co 4.6). É certo que teremos toda a eternidade para aumentar nosso conhecimento do Senhor, mas devemos começar a aprender e a crescer hoje. Paulo afirmou que seu maior desejo era "conhecer Cristo, o poder da sua ressurreição e a participação em seus sofrimentos, tornando-me como ele em sua morte" (Fp 3.10). O apóstolo deixa claro nesse versículo que antes de os cristãos começarem a se conformar com Jesus em sua vida e morte, eles devem conhecer a Cristo por meio de uma experiência *pessoal*, uma prova *poderosa* de sua vitoriosa ressurreição e, por vezes, uma experiência *dolorosa* de sofrer por causa de Jesus. Por fim, isso nos tornará cada vez mais parecidos com sua imagem e não com a imagem deste mundo (Rm 8.29; 12.1-2).

Deus almeja que conheçamos a sua vontade (At 22.14), que a compreendamos (Ef 5.17), nos deliciemos nela (Sl 40.8) e obedeçamos a ela de todo o coração (Ef 6.6). Ele nos concedeu o seu Espírito, a sua Palavra e a igreja do Deus vivo a fim de nos encorajar e capacitar. Ele é o Deus de toda a graça (1Pe 5.10), que está vivo (Sl 42.2), que é misericordioso (Êx 34.6), Todo-poderoso (Ap 1.8; 4.8), Santo (Sl 99.9), o Deus de amor e paz (2Co 13.11), da perseverança e do bom ânimo (Rm 15.4). Somos privilegiados por chamá-lo de "nosso Deus" (1Co 6.11) e "meu Deus" (Fp 4.19).

Jesus veio revelar o Pai a nós. Ele disse aos seus discípulos: "Se vocês realmente me conhecessem, conheceriam também o meu Pai" (Jo 14.7). Os não convertidos aos quais testemunhamos somente apontam para o Antigo Testamento e argumentam que o nosso Deus é intimidador e vingativo, que destrói cidades e mata pessoas inocentes. Se esses incrédulos pudessem compreender teologia, eu responderia aos seus pobres argumentos, porém, em vez disso, simplesmente aponto para Jesus. Veja o que ele faz! Deus carregando um bebê em seus braços, tocando e curando um leproso, dando visão a um homem cego, alimentando milhares de pessoas famintas! Deus *morrendo na cruz pelos pecados do mundo!* Isso parece um coração duro e cruel?

Como Jesus e Paulo, todos os cristãos fiéis serão "desconhecidos, apesar de bem conhecidos".

Eles enfrentarão críticas invejosas e acusações injustas, porém, a exemplo de Jesus e Paulo, prosseguirão com sua vida e ministério, buscando apenas servir ao Senhor e glorificá-lo. As únicas palavras pelas quais deveríamos nos esforçar para ouvir são: "Muito bem, servo bom e fiel! Você foi fiel no pouco; eu o porei sobre o muito. Venha e participe da alegria do seu senhor!" (Mt 25.21).

O seguinte parágrafo, extraído de um sermão do abençoado pregador escocês, George H. Morrison, muito tem me encorajado:

Se, então, você está verdadeiramente seguindo a Cristo, jamais fique ansioso para explicar-se; não fique ávido para ser compreendido, e jamais se exalte para ser entendido. Tome a sua cruz; estude para ser calmo; aproveite o tempo; siga a centelha bravamente. Lembre-se que, com todos os santos, você irá caminhar rumo ao céu como um desconhecido.[1]

---

[1] MORRISON, George H.. *The Unlighted Luster* [O lustre apagado]. Londres: Hodder and Stoughton, n.d), pp. 274-275.

Paradoxo

10

Entristecidos, mas sempre alegres

Aqueles que semeiam com lágrimas, com cantos de alegria colherão. Aquele que sai chorando enquanto lança a semente, voltará com cantos de alegria, trazendo os seus feixes. (Sl 126.5-6)

Até quando terei inquietações e tristeza no coração dia após dia? (Sl 13.2)

As cordas da morte me envolveram, as angústias do Sheol vieram sobre mim; aflição e tristeza me dominaram. (Sl 116.3)

Embora ele traga tristeza, mostrará compaixão, tão grande é o seu amor infalível. (Lm 3.32)

Não se entristeçam, porque a alegria do SENHOR os fortalecerá. (Ne 8.10)

Tenho lhes dito estas palavras para que a minha alegria esteja em vocês e a alegria de vocês seja completa. (Jo 15.11)

A mulher que está dando à luz sente dores, porque chegou a sua hora; mas, quando o bebê nasce, ela esquece a angústia, por causa da alegria de ter nascido no mundo um menino. Assim acontece com vocês: agora é hora de tristeza para vocês, mas eu os verei outra vez, e vocês se alegrarão, e ninguém tirará essa alegria de vocês. (Jo 16.21-22)

Alegrem-se na esperança, sejam pacientes na tribulação, perseverem na oração. (Rm 12.12)

...entristecidos, mas sempre alegres. (2Co 6.10)

Alegrem-se sempre no Senhor. Novamente direi: Alegrem-se! (Fp 4.4)

"Entristecidos, mas sempre alegres" é um paradoxo desafiador, assim como é uma verdade reconfortante. Sabemos que, nesta vida, iremos experimentar horas, talvez dias, de tristeza e dor, mas igualmente sabemos que nosso Pai celestial é o "Pai das misericórdias e Deus de toda consolação" (2Co 1.3). Jesus, o Filho de Deus, é "um homem de dores e experimentado no sofrimento" (Is 53.3) e também é o nosso Sumo Sacerdote intercessor no trono da graça (Hb 4.14-16). O Espírito Santo é o Consolador que habita em nós e nos ministra (Jo 14.16, 20). Somos consolados a fim de sermos capacitados a consolar outros (2Co 1.3-7). Na escola da tristeza, o povo de Deus pode aprender inúmeras e valiosas lições que não podem ser adquiridas de outra maneira.

Tristeza

Paulo tinha mais do que a sua cota de tristezas, a maior das quais era a sua "preocupação com todas as igrejas" (2Co 11.28). Ele pranteou pelo povo de Israel e orou pela salvação dos israelitas (Rm 10.1). O apóstolo também chorou por cristãos declaradamente mundanos nas igrejas (Fp 3.17-21).

Por haver pastoreado três igrejas e aconselhado diversos pastores, posso me solidarizar com a carga de Paulo pelo povo de Deus. A tristeza por si só não constitui pecado, a não ser que se torne tão excessiva que nos paralise ou nos leve a ações tolas. Recordo-me de um viúvo tão perturbado que quis colocar uma grossa laje sobre o túmulo de sua esposa para evitar que a chuva ou a neve atingisse o esquife. Podemos até admirar o amor daquele viúvo por sua falecida esposa, mas a tristeza da perda estava prejudicando o seu bom senso. A tristeza pode nos tornar egoístas em vez de abrandar o nosso coração e nos levar a encorajar outros.

Com certeza, Paulo, ao escrever a sua segunda carta à igreja de Corinto, vivenciava um período de aflição e tristeza. A igreja de Corinto enfrentava uma divisão (1Co 1.10-17), e alguns de seus membros questionavam a sua autoridade apostólica. Ele estava encorajando as igrejas gentias a doar generosamente à coleta que ele estava promovendo para os santos necessitados na Judeia, porém a igreja de Corinto estava retardando a sua contribuição. Ainda, o apóstolo foi obrigado a alterar os seus planos de visita aos coríntios e isso frustrou bastante alguns membros daquela igreja. Parece que, independentemente do que os servos de Deus façam, sempre há alguém na igreja que interpreta mal as ações e começa a criticar e a causar problemas.

Apesar de toda a riqueza e saúde prometida por alguns pregadores, os cristãos não estão protegidos contra o sofrimento e a dor. Afinal, o objetivo da vida cristã é a semelhança com Cristo (Rm 8.28-29), que foi "um homem de dores e experimentado no sofrimento" (Is 53.3). Paulo vivenciou a "participação em seus sofrimentos" (Fp 3.10) mesmo quando experimentou a alegria do Senhor. Em vez de nos proteger das lutas e tribulações, o processo de seguir a Cristo nos leva a problemas e conflitos que ocorrem apenas na vida dos que creem. Jesus afirmou aos seus discípulos: "Neste mundo vocês terão aflições; contudo, tenham ânimo! Eu venci o mundo" (Jo 16.33).

Jesus comparou as nossas tristezas às dores de uma mulher em trabalho de parto (Jo 16.21-22). Essa analogia revela que a nossa dor não dura para sempre e que, uma vez que alcance os seus propósitos, haverá júbilo. O mesmo bebê que causa a dor também causa a alegria! "O choro pode persistir uma noite, mas de manhã irrompe a alegria" (Sl 30.5). No Getsêmani, Jesus enfrentou a vergonha e a agonia da cruz, sendo oprimido pela tristeza (Mt 26.38). Então, o Pai ouviu as orações de Cristo e o fortaleceu. Assim como a vida nos traz o dia e a noite, o verão e o inverno, igualmente ela nos traz dor e prazer, alegria e tristeza. Os raios solares formam o deserto e todo prazer conduz à imaturidade e superficialidade de caráter. Nosso amoroso Pai equilibra as experiências em nossa vida, de modo a amadurecermos e aprendermos a como enfrentar com coragem as dificuldades.

Por causa do pecado de nossos primeiros ancestrais, "toda a natureza criada geme até agora, como em dores de parto" (Rm 8.22), e essa situação definitivamente nos afeta. Certa noite, um tornado passou ao lado de nossa casa e arrancou uma enorme árvore do jardim, lançando-a no outro lado da rua. Ficamos gratos pelo tornado destruir a árvore e não a nossa casa. O corpo que habitamos, assim como este mundo, fazem ambos parte de uma criação caída que não será transformada até que Jesus retorne para estabelecer o seu Reino. Deus está em ação para cumprir o seu divino plano e não somos capazes de explicar tudo o que o Senhor está realizando, mas sabemos que ele nos ama e que seus planos para nós são os melhores. Como diz a letra de uma conhecida canção: "Eu não sei o que o futuro nos reserva, mas sei quem detém o futuro."

Não apenas a criação decaída está gemendo, mas nosso Salvador igualmente gemeu quando esteve ministrando entre nós. Diante do túmulo de Lázaro, ao ver o pranto de seus amigos, ele "agitou-se no espírito e perturbou-se" (Jo 11.33; ver v. 38). Cristo sabia que ressuscitaria Lázaro dentre os mortos, porém isso não o impediu de sentir a dor das duas irmãs e seus amigos. "Alegrem-se com os que se alegram; chorem com os que choram" (Rm 12.15), e Jesus nos dá o exemplo.

Quando a dor e a tristeza atingem pessoas que não conhecem a Cristo, usualmente elas recorrem ao mundo em busca de escape, o que significa distrações de um tipo ou de outro, como álcool, drogas, entretenimento, ativismo, compulsão por compras e assim por diante. Como a vida *nos* afeta depende largamente do que ela encontra *em* nós e, assim, se a nossa vida não inclui a fé no Senhor, nosso viver talvez desmorone. Os incrédulos perguntam: "Como posso sair dessa?", enquanto o filho de Deus pergunta: "O que posso aprender com isso?" A fé inabalável do cristão em dias de tribulação constitui um grande testemunho ao mundo descrente. Tempos de dificuldade também podem ser oportunidades para descobertas, não somente quanto às nossas próprias necessidades, como também quanto ao gracioso suprimento de Deus. O Espírito Santo nos ajuda em nossa oração e "intercede por nós com gemidos inexprimíveis" (Rm 8.26). No mesmo capítulo (v. 23), Paulo nos revela que cada cristão geme no íntimo, ansiando pelo novo e glorificado corpo que receberemos ao vermos Jesus.

Regozijo

Possuímos inúmeras razões para nos alegrarmos, mesmo nos dias sombrios e nas noites longas e solitárias. Deus é o nosso Pai, Jesus é o nosso Salvador e Sumo Sacerdote intercessor, enquanto o Espírito Santo é o nosso Consolador. O que mais precisamos? A Bíblia nos alimenta, guia e sustenta a nossa fé com uma promessa atrás da outra. O trono de Deus é um trono de graça, não de julgamento. Nossos irmãos em Cristo nos amam, expressando esse amor por meio de orações e encorajamento. A adequada graça recebida do Senhor pode ser compartilhada com outros em sofrimento, assim como eles compartilham conosco. Tornamo-nos canais de bênção, mesmo quando nos sentimos totalmente exauridos em nossa força.

A felicidade depende primariamente dos acontecimentos, mas a alegria no Senhor é muito mais profunda. Ela não se baseia naquilo que *nós* estamos fazendo, mas no que o Altíssimo já realizou por nós. "O Deus eterno é o seu refúgio, e para segurá-lo estão os braços eternos" (Dt 33.27). "Não se entristeçam, porque a alegria do SENHOR os fortalecerá" (Ne 8.10). A alegria não é algo fabricado por nós, mas é um dos frutos do Espírito Santo que cultivamos à medida que caminhamos no Espírito e por ele somos direcionados (Gl 5.16-18, 22-23). Não importa que tristezas invadam a nossa vida, é possível ter júbilo no Senhor. Isso não significa enterrar as nossas dores e fingir que elas não existem, pois tal abordagem somente piora a situação. Ao falarmos com Deus, devemos contar-lhe como nos sentimos, reconhecendo que necessitamos de sua graça e sabedoria. Igualmente, devemos agradecer-lhe pelas bênçãos enviadas que nos dão alegria, confiando que ele fará isso novamente — e novamente.

"Agora me alegro em meus sofrimentos por vocês", Paulo escreveu aos cristãos em Colossos quando era prisioneiro de Roma (Cl 1.24). À igreja em Filipos, o apóstolo escreveu: "Contudo, mesmo que eu esteja sendo derramado como oferta de bebida sobre o serviço, que provém da fé que vocês têm, o sacrifício que oferecem a Deus, estou alegre e me regozijo com todos vocês. Estejam vocês também alegres, e regozijem-se comigo" (Fp 2.17-18). Suas cartas estão permeadas de alegria! Ele compreendeu que a sua condição de prisioneiro abria portas de oportunidades que, de outra maneira, permaneceriam fechadas, e a bênção que Deus estava concedendo beneficiaria as igrejas que estavam orando pelo apóstolo. Em tempos de tristeza e dor, não devemos focar somente em nós mesmos, mas igualmente nas demais pessoas. Como Jesus na cruz, devemos orar pelos outros, encorajando-os e cuidando deles. Em períodos difíceis, qualquer um pode expressar a sua tristeza, mas é necessário estar cheio do Espírito para compartilhar o júbilo do Senhor, quando o mais fácil é reclamar e cobrar solidariedade.

Contudo, nossa alegria deve estar "no Senhor" e não ser uma máscara que colocamos para enganar as pessoas. Se esse sentimento vier do coração, é real; se vier apenas dos lábios, é falso. Se ligarmos ou desligarmos nossa alegria como um interruptor de luz, estaremos apenas machucando a nós mesmos. Há uma conhecida canção infantil que expressa bem essa ideia: "Jesus, outros e você / que maravilhosa maneira de soletrar alegria." Lembro-me de conhecer pessoas em minhas visitas a hospitais cuja jubilosa coragem me levava a cantar essa canção. Eu queria ser uma bênção para elas, mas eu é quem saía abençoado!

Sempre

De acordo com os peritos em comunicação, *sempre* e *nunca* são duas palavras que devemos manter sob cuidadoso controle. Apenas o Senhor conhece o que as pessoas sempre irão fazer e dizer — ou que deixarão de fazer e dizer. O treinador que diz ao estudante "Você nunca acerta a bola", ou o pai que diz ao seu filho "Você sempre deixa o seu quarto bagunçado" não solucionarão o problema. Tampouco o marido que reclama à esposa "Você nunca se lembra de comprar pasta de dente". Se tais pessoas estão mantendo registros sobre os erros dos outros, então não são bons cristãos. Paulo, em 1Coríntios 13.5, nos diz que o amor "não guarda rancor". Se aplicarmos "sempre" e "nunca" de uma forma positiva, conseguiremos melhores resultados. "Que bom que você sempre se lembra de comprar gás" e "Obrigado, filho, você nunca se esquece de lavar o carro" criam uma atmosfera saudável de amor positivo e ação restauradora.

Porém, Paulo foi um inspirado apóstolo que, com frequência, usou *sempre* em suas cartas. Na segunda epístola aos coríntios, ele usa esta palavra seis vezes. Então, vamos estudar estes versículos divididos em três categorias, e descobriremos que *sempre* está relacionado ao júbilo e à alegria.

Começando com o texto de 2Coríntios 2.14: "Mas graças a Deus, que sempre nos conduz vitoriosamente em Cristo, e por nosso intermédio exala em todo lugar a fragrância do seu conhecimento." A imagem aqui retratada é a da parada do "triunfo romano" que honrava um comandante cujo exército havia derrotado completamente o inimigo em solo estrangeiro e havia assassinado, pelo menos, cinco mil soldados adversários. O comandante anexava um novo território a Roma e trazia para casa não somente cativos, como também valiosos espólios. Paulo enxerga nessa parada um retrato do que Jesus realizou em sua morte, sepultamento e ressurreição, pois o Calvário foi uma vitória completa sobre o diabo (Cl 2.15). Jesus é sempre triunfante (2Co 2.12-17) e, por meio dele, somos igualmente triunfantes, mas precisamos segui-lo e obedecer às suas ordens, pois Cristo "sempre nos *conduz* vitoriosamente" (v. 14).

O texto de 2Coríntios 4.9-12 nos apresenta o segundo uso de Paulo para o termo *sempre*: "...somos perseguidos, mas não abandonados; abatidos, mas não destruídos. Trazemos sempre em nosso corpo o morrer de Jesus, para que a vida de Jesus também seja revelada em nosso corpo. Pois nós, que estamos vivos, somos sempre entregues à morte por amor a Jesus, para que a sua vida também se manifeste em nosso corpo mortal. De modo que em nós atua a morte; mas em vocês, a vida." Se sabemos que Jesus morreu por nós, podemos confiar nele e sermos salvos. Porém, se igualmente sabemos que *nós morremos com Cristo*, podemos obter vitória contra a velha natureza pecaminosa que almeja nos subjugar. O testemunho de Paulo foi este: "Fui crucificado com Cristo" (Gl 2.20). O apóstolo lida com esta grande verdade em Romanos 6, um capítulo que cada cristão deveria saber de cor. Morremos com Jesus Cristo de modo a vencermos a velha natureza e ressuscitamos para andar com ele de modo a servi-lo em vitória. Paulo viveu uma vida recheada de perigos e escreveu que foi "exposto à morte repetidas vezes" (2Co 11.23), mas ele havia morrido para a antiga vida e desejava viver somente para Cristo, a despeito dos perigos envolvidos. Jesus explicou esse sentimento em João 12.20-26. Então, faça uma pausa e leia essa passagem.

O tema da morte física do cristão é abordado por Paulo em 2Coríntios 5.1-8, e o apóstolo utiliza a frase "temos sempre confiança" (v. 6). Confiança de quê? De estar com Jesus no céu se e quando morrermos! Confiança de receber um novo e glorificado corpo! A palavra "confiança" origina-se do latim *con* ("com") e *fide* ("fé"). "Porque vivemos por fé, e não pelo que vemos" (v. 7). Somos gratos ao Senhor por aqueles homens e mulheres dotados de extrema coragem que abriram caminho para as missões, dispostos a dar a própria vida, se fosse preciso, em benefício do evangelho. "Porque para mim o viver é Cristo e o morrer é lucro" (Fp 1.21). Não importa para onde o Senhor nos envie, podemos ter confiança em seu cuidado.

Já consideramos a expressão "sempre alegres" (2Co 6.10), e tudo o que permanece é o texto de 2Coríntios 9.8: "E Deus é poderoso para fazer que lhes seja acrescentada toda a graça, para que em todas as coisas, em todo o tempo, tendo tudo o que é necessário, vocês transbordem em toda boa obra." Que declaração! Ela supera qualquer garantia que a pessoa mais rica e poderosa deste mundo poderia dar. Recebemos toda a graça, não cuidadosamente controlada, mas abundante. Sempre dispomos de plena suficiência em todas as coisas, e podemos extrair toda a abundância de que necessitamos para toda boa obra que Deus nos designar. Toda a graça! Sempre! Toda a suficiência! Todas as coisas! Toda a boa obra! Não precisamos nos preocupar quanto à vida ou a morte, pobreza ou dor, perda de recursos ou ter de enfrentar qualquer desafio que o Senhor nos enviar. A abundância de tudo está ao nosso dispor! "O meu Deus suprirá todas as necessidades de vocês, de acordo com as suas gloriosas riquezas em Cristo Jesus" (Fp 4.19).

Uma das melhores definições de paz que eu já li é esta: "Paz é a posse dos recursos adequados." Não há razão para o povo de Deus preocupar-se quando o Pai celestial lhes tem dado promessas incríveis. E a promessa, registrada em Filipenses 4.19, mede o suprimento "de acordo com as suas gloriosas riquezas". O texto não diz "de suas riquezas", pois então o suprimento pode diminuir, mas "de acordo com suas riquezas". O suprimento jamais irá acabar! A carta de Paulo aos efésios é a nossa *conta bancária* com sua ênfase nas riquezas das quais compartilhamos em Jesus Cristo: as riquezas da graça de Deus (Ef 1.7-8; 2.7); as riquezas da sua glória (Ef 1.18; 3.16) e as insondáveis [ilimitadas, incompreensíveis, intermináveis] riquezas de Cristo (Ef 3.8). Sim, há tristezas que cruzam os nossos caminhos, porém, pela ilimitada graça de Deus, podemos estar sempre alegres em meio aos pesares para a glória de Deus! Isso nos leva a mais um dos versículos com *sempre* (embora não esteja no texto de 2Coríntios): "Dando sempre graças por tudo a nosso Deus e Pai, em nome de nosso Senhor Jesus Cristo" (Ef 5.20 — ARA). Sempre gratos!

Somos?

Deveríamos ser!

Paradoxo 11

Liderando pelo serviço

Senhor, que os teus ouvidos estejam atentos à oração deste teu servo e à oração dos teus servos que têm prazer em temer o teu nome. Faze que hoje este teu servo seja bem-sucedido, concedendo-lhe a benevolência deste homem. Nessa época, eu era o copeiro do rei. (Ne 1.11)

O senhor respondeu: "Muito bem, servo bom e fiel! Você foi fiel no pouco; eu o porei sobre o muito. Venha e participe da alegria do seu senhor!" (Mt 25.21)

Os reis das nações dominam sobre elas; e os que exercem autoridade sobre elas são chamados benfeitores. Mas, vocês não serão assim. Ao contrário, o maior entre vocês deverá ser como o mais jovem, e aquele que governa como o que serve. Pois quem é maior: o que está à mesa, ou o que serve? Não é o que está à mesa? Mas eu estou entre vocês como quem serve. (Lc 22.25-27)

Quem me serve precisa seguir-me; e, onde estou, o meu servo também estará. Aquele que me serve, meu Pai o honrará. (Jo 12.26)

Mas agora que vocês foram libertados do pecado e se tornaram escravos de Deus, o fruto que colhem leva à santidade, e o seu fim é a vida eterna. (Rm 6.22)

> *Portanto, que todos nos considerem como servos de Cristo e encarregados dos mistérios de Deus.* (1Co 4.1)
>
> *Quando ainda estávamos com vocês, nós lhes ordenamos isto: se alguém não quiser trabalhar, também não coma.* (2Ts 3.10)
>
> *Pois é da vontade de Deus que, praticando o bem, vocês silenciem a ignorância dos insensatos. Vivam como pessoas livres, mas não usem a liberdade como desculpa para fazer o mal; vivam como servos de Deus.* (1Pe 2.15-16)

Em sua grande maioria, gregos e romanos, nos dias do Novo Testamento, desprezavam o trabalho braçal. Muitos deles designavam os próprios trabalhos aos seus escravos e simplesmente davam ordens. Os antigos sonhavam com um paraíso onde ninguém tivesse que trabalhar duro.

A população judaica, no entanto, possuía uma ética referente ao trabalho que veio do céu: "Trabalharás seis dias e neles farás todos os teus trabalhos, mas o sétimo dia é o sábado dedicado ao SENHOR teu Deus. Nesse dia não farás trabalho algum" (Êx 20.9-10). Assim, para o judeu, era importante trabalhar por seis dias, já que ele deveria descansar no sétimo. Para eles, o trabalho era parte normal da vida.

Nosso Senhor levou esta ética do trabalho um passo além, ensinando aos seus discípulos que a melhor maneira de ser um líder era ser um servo e trabalhar, tornando-se exemplo. "Mas eu estou entre vocês como quem serve" (Lc 22.27).

O paradoxo de nosso Senhor quanto a liderar pelo serviço é desesperadamente necessário em nossos dias. Receio termos muitos assim chamados líderes que apenas servem a si mesmos, ignorando os trabalhadores aos quais eles deveriam ministrar. Há organizações (incluindo-se igrejas) cuja liderança é, claramente, ditatorial, atraindo pessoas que se sentem seguras ao serem controladas por líderes enérgicos, em vez de amadurecerem pelo atento pastoreio de um pastor que as capacite ao serviço. Desnecessário enfatizar que tais líderes não estão liderando e tampouco seus liderados estão amadurecendo.

Para imitarmos nosso Salvador como líderes que servem, é necessário compreendermos três fatos fundamentais.

Vivemos em um mundo trabalhista

Deus criou dessa forma. Do reino mineral, passando pelo vegetal, animal e os diversos reinos humanos, cada nível da criação contribui com os demais. O reino vegetal busca no reino mineral elementos para sua manutenção, e o reino animal obtém seu sustento parcialmente do reino vegetal. Por sua vez, os reinos humanos subsistem dos reinos animal e vegetal, onde o Senhor tem disponibilizado exatamente o que necessitamos para a conservação de uma vida saudável. Árvores, flores, riachos, pássaros, vacas e raios solares estão trabalhando para nós, dia e noite, quer percebamos quer não. Sempre que este ciclo essencial de subsistência mútua é rompido, as famílias humanas sofrem. A maioria das pessoas considera este miraculoso ciclo como naturalmente assegurado, mas os cristãos alegremente cantam: "Este é o mundo de meu Pai", expressando gratidão por sua sabedoria e generosidade.

Não devemos incorrer no equívoco de pensar que o emprego é algum tipo de punição e que precisamos trabalhar hoje por causa do pecado cometido por nossos primeiros pais. *Adão trabalhava no jardim do Éden antes de o pecado entrar na raça humana* (Gn 2.15). Somente após o homem e a mulher terem desobedecido é que o trabalho tornou-se fatigante (Gn 3.17-19). O desejo do Senhor era que a humanidade vivesse em um lindo e frutífero jardim, mas o pecado mudou tudo. E não estaremos no jardim de Deus até vermos a Jesus (Ap 21-22). Enquanto isso, cada um de nós tem um trabalho a fazer, divinamente designado, que devemos realizar com fidelidade. "O que as suas mãos tiverem que fazer, que o façam com toda a sua força" (Ec 9.10). Eclesiastes 5.19 nos diz que nosso trabalho é um dom do Criador e que deveríamos nos regozijar com o privilégio de trabalhar. Podemos mudar a nossa atividade profissional diversas vezes durante a nossa jornada aqui, mas se estivermos debaixo da vontade de Deus, encontraremos satisfação em qualquer ocupação que o Senhor nos designar. De acordo com Jesus, cumprir a vontade do Pai é alimento, e não punição (Jo 4.31-34), e se realizarmos a sua vontade de coração, receberemos ricos dividendos de inúmeras maneiras, além do merecido salário.

Quando Deus criou o mundo, os anjos o louvaram e exultaram em alegria (Jó 38.4-7), e nós deveríamos nos juntar a eles, a despeito do que a raça humana tem feito para explorar e destruir a criação divina. Mesmo quando alcançarmos o tempo previsto em lei para nos aposentarmos e o trabalho regular não fizer mais parte de nossa vida, o Senhor ainda tem planos de serviço para nós. Quando uma equipe de médicos disse a mim e a minha esposa que já era tempo de parar com nossas viagens ministeriais, nós nos perguntamos qual seria a nossa próxima atribuição. Não demorou muito tempo para descobrirmos, pois líderes leigos de igreja e ocupados pastores começaram a solicitar nosso conselho e instruções. Esse ministério de mentoria tem-se revelado extremamente prazeroso. Continuo escrevendo (caso contrário, você não estaria lendo este livro), e minha esposa e eu estamos fazendo o que podemos a fim de encorajar o povo do Senhor e de auxiliar na edificação da igreja de Deus.

No livro de Provérbios, encontrei 26 versículos que lidam com indolência (o preguiçoso) e cujas promessas e advertências são aplicáveis nos dias de hoje. Desde a mais tenra idade, fui ensinado a fazer a minha parte nas tarefas do lar e, quando tinha idade suficiente, ganhei dinheiro executando os trabalhos mais diversos em minha vizinhança, como cortar grama e limpar janelas, entre outros serviços. Posso não ter ganhado uma fortuna, mas a disciplina e o exercício me fizeram muito bem, e meus pais jamais precisaram me dar uma mesada. Hoje, digo às pessoas que estar aposentado é algo positivo, pois, caso contrário, não teria tempo de lidar com todas as atividades que tenho em minha agenda!

Seguimos um Salvador servil

Muitos personagens citados nas Escrituras são chamados de "servos de Deus", incluindo-se Abraão (Sl 105.42), Moisés (Nm 12.7), Calebe (Nm 14.24), Jó (Jó 42.7-8), Isaías (Is 20.3), Nabucodonosor (Jr 25.9) e o apóstolo Paulo (Rm 1.1). Porém, o maior servo de todos no relato bíblico é Jesus Cristo, o Filho de Deus (Is 42.1-7; Fp 2.5-8). Que preço ele pagou para deixar de lado a sua glória celestial e descer a este mundo como um servo! Ele cresceu na casa de um trabalhador e foi chamado de "o carpinteiro" (Mc 6.3). Sendo totalmente humano, Cristo sabia bem o que significava estar exausto, faminto e sedento. Certa vez, ele estava tão fatigado que adormeceu no barco em meio a uma grande tempestade que assustava os seus discípulos (Mt 8.23-24).

Igualmente fatigante foi para o nosso Senhor ministrar às multidões que o seguiam dia a dia, de um lugar a outro, nas sinagogas e no templo. Jesus pregou as boas-novas da salvação, ensinou os princípios do Reino de Deus, curou os enfermos e aflitos, expulsou demônios e até mesmo ressuscitou os mortos. As pessoas o comprimiam, buscando apenas tocar as suas vestes e serem libertas. Dia após dia, seus inimigos o vigiavam atentamente, tramando contra ele e planejando matá-lo. Por vezes, ele passava a noite orando, mas sempre acordava bem cedo, ainda de madrugada, para encontrar-se com seu Pai em oração (Mc 1.35; veja Is 50.4-6). Eu já tive dias muito ocupados em meu ministério, mas o ministério fiel de Jesus neste planeta vai além da minha imaginação.

Jesus afirmou: "Meu Pai continua trabalhando até hoje, e eu também estou trabalhando" (Jo 5.17). Ele também disse: "Enquanto é dia, precisamos realizar a obra daquele que me enviou. A noite se aproxima, quando ninguém pode trabalhar" (Jo 9.4). "Aquele que me enviou está comigo; ele não me deixou sozinho, pois sempre faço o que lhe agrada" (Jo 8.29). "A minha comida é fazer a vontade daquele que me enviou e concluir a sua obra" (Jo 4.34). "Pois desci do céu, não para fazer a minha vontade, mas para fazer a vontade daquele que me enviou" (Jo 6.38). Em sua oração antes de ser preso, Jesus disse ao Pai: "Eu te glorifiquei na terra, completando a obra que me deste para fazer" (Jo 17.4). Que todos nós possamos dizer estas palavras quando a nossa jornada terrena chegar ao fim!

Em obediência ao Pai e como fruto de um amor imensurável, voluntariamente nosso Senhor entregou sua vida na cruz para que os pecadores pudessem ser perdoados e desfrutar de um lar eterno no céu. Os soldados romanos uniram duas tábuas para fazer uma cruz e, então, pregaram o Carpinteiro do céu naquele madeiro para morrer por nós. O maior trabalhador que já viveu neste planeta concluiu o maior trabalho já feito aqui. Se Jesus é meu Senhor e Salvador, então devo seguir seu exemplo e finalizar o trabalho que ele me chamou a fazer.

Durante os mais de setenta anos em que conheço Cristo como meu Senhor e que busco servi-lo, tenho sido especialmente abençoado por trabalhar ao lado de outros cristãos — pessoas a quem Paulo chamava de "cooperadores de Deus" (1Co 3.9). Sou muito grato por não trabalharmos, nos sacrificarmos, sofrermos e obedecermos a Cristo sozinhos. Somos todos "um em Cristo Jesus" (Gl 3.28), agindo juntos para alcançar o perdido e encorajar o salvo. Que encorajamento é saber que "é Deus quem efetua em vocês tanto o querer quanto o realizar, de acordo com a boa vontade dele" (Fp 2.13)! Seguimos um Salvador servil e nos alegramos por sermos servos do Deus Altíssimo!

Jesus humilhou-se e desceu à terra para ser um servo, e seus discípulos precisavam aprender o significado da humildade, assim como todos nós. Certo dia, ele perguntou aos doze o que eles estavam discutindo, enquanto seguiam pelo caminho. Eles foram obrigados a admitir que estavam debatendo sobre quem dentre os discípulos era o maior. Eles estavam promovendo competição, não cooperação, imitando o mundo, não o seu Mestre. Jesus colocou uma criança no meio deles e lhes disse que eles deveriam ser como crianças, o que sugere submissão, obediência, gratidão, fé e dependência (Mt 18.1-5). Jesus afirmou: "O maior entre vocês deverá ser servo" (Mt 23.11). Hoje, Cristo nos serve como nosso Advogado (1Jo 2.1) e nosso Sumo Sacerdote (Hb 4.14-16). Ele prometeu: "E eu estarei sempre com vocês, até o fim dos tempos" (Mt 28.20).

Cremos em uma fórmula fiel

A vida é séria para todo mundo, mas especialmente para os cristãos. Para começar, a vida é curta e concede a única oportunidade que teremos de nos prepararmos para a eternidade. Quando chegarmos ao fim de nossa jornada e nos colocarmos diante de nosso Salvador, no tribunal de Cristo, caso tenhamos ignorado a vontade de Deus e bagunçado a nossa vida, nossa recompensa será mínima, se tanto. A vida é assunto sério por ser uma mordomia de Deus e "o que se requer destes encarregados é que sejam fiéis" (1Co 4.2). O Senhor não nos ordena a sermos "bem-sucedidos" da maneira como o mundo avalia o sucesso, mas o seu mandamento é que sejamos fiéis e cumpramos a sua vontade, seja ela qual for. Se formos fiéis na obediência, nosso Senhor será fiel na recompensa. Se tolamente desperdiçarmos as nossas oportunidades, não receberemos retribuição alguma. "Pois todos compareceremos diante do tribunal de Deus" (Rm 14.10).

Na parábola dos talentos (Mt 25.14-30), por duas vezes nosso Senhor fornece a fórmula para o verdadeiro sucesso na vida. "Muito bem, servo bom e fiel! Você foi fiel no pouco; eu o porei sobre o muito. Venha e participe da alegria do seu senhor!" (Mt 25.21, 23). Mais tarde, explicarei esta fórmula em detalhes, porém, antes, devo definir algumas palavras.

Hoje, usamos a palavra "talentos" significando as habilidades naturais com as quais nascemos, mas a parábola nos revela que o mestre deu aos seus servos talentos "a cada um de acordo com a sua capacidade". Aqueles talentos eram valores em dinheiro e representavam oportunidades de usar as habilidades no serviço ao mestre (Mt 25.15). As nossas habilidades nos foram concedidas pelo Mestre ao nascermos, e nossos dons espirituais, ao nascermos de novo, e ele quer que usemos esses dons e habilidades para a sua glória. Meus dois irmãos mais velhos eram dotados de habilidades excepcionais nas áreas de mecânica e atlética, porém eu não. Dessa forma, o Senhor jamais me chamou para gerenciar uma equipe esportiva ou reparar um automóvel. Se assim tivesse feito, Deus teria que me capacitar com o conhecimento necessário para eu ser bem-sucedido.

O princípio do sucesso ilustrado na parábola é este: se formos fiéis ao Senhor no uso de nossas habilidades e dons à medida que ele nos propicia as oportunidades (os talentos), então passaremos de servos a administradores, de poucas para muitas coisas, da fadiga para a alegria (vv. 21, 23). Na parábola, o homem que enterrou o seu único talento abriu mão de sua oportunidade, deixando de agradar a seu mestre e de receber uma recompensa. Deus deseja que invistamos o que ele nos concede e não que o protejamos; e devemos estar prontos para relatar ao Salvador o que fizemos com o que dele recebemos, quando nos colocarmos diante dele.

Começamos como servos e, se formos fiéis, nos tornaremos líderes. Encontramos esse padrão ilustrado ao longo de toda a Escritura. José foi odiado pelos irmãos, vendido como escravo e levado ao Egito. Ele se mostrou tão competente em sua ocupação que seu mestre o colocou como responsável por toda a propriedade, mas a esposa do mestre acusou-o falsamente e José foi aprisionado. No entanto, mesmo na prisão, José mostrou-se fiel, auxiliando o carcereiro, bem como os demais prisioneiros. Sua sabedoria chegou aos ouvidos do faraó, que estava perturbado por não saber o significado de dois sonhos que tivera. José explicou os sonhos e o faraó o designou como o segundo governante do Egito. José saiu de poucas coisas para muitas, de servo a mestre, da fadiga à alegria.

Experiência similar teve Moisés, quando deixou de ser um pastor de ovelhas para se tornar um profeta e o líder do povo de Israel. Josué era auxiliar pessoal de Moisés e acabou por ser o seu sucessor e o conquistador da Terra Prometida. Igualmente, Davi começou como pastor e terminou como rei de Israel. Rute foi a Belém como uma viúva desamparada, mas permaneceu fiel e tornou-se a esposa de um homem rico e um dos ancestrais da casa de Davi. Seu nome está na genealogia de nosso Senhor (Mt 1.5-6). O exemplo supremo é o nosso Senhor Jesus Cristo, que foi fiel em seu ministério, sofreu, foi sacrificado e morreu, mas ressuscitou, sendo agora o Rei dos reis e Senhor dos senhores (Ap 17.14; 19.16; Fp 2.5-11).

Nós lideramos servindo. Se desejamos passar de servos para governantes, de poucas para muitas coisas, da fadiga para a alegria, devemos viver pela fé e praticar a humildade, a obediência e a paciência.

Ao longo dos anos, tenho fielmente lido a Bíblia, bem como centenas de biografias e autobiografias, e posso assegurar-lhe que não há estradas fáceis ou atalhos baratos para o tipo de sucesso que honra o Senhor e contribui para a mudança do mundo. Se você acha que eles existem, lembre-se apenas da história contada por Jesus sobre o filho pródigo (Lc 15.11-32). Aquele jovem fez de sua vida uma grande confusão ao ignorar a obediência, a humildade e a paciência. Ele começou com muitas posses e terminou sem nada. Ele iniciou com prazeres mundanos e finalizou com trabalho pesado. Por fim, era muito importante com toda a sua riqueza e acabou como um escravo sem esperança, falido e comendo com os porcos. Não se pode chamar isso de sucesso.

O texto de Apocalipse 22.3 atrai a minha atenção porque descreve o futuro eterno do povo de Deus: "Já não haverá maldição nenhuma. O trono de Deus e do Cordeiro estará na cidade, e os seus servos o servirão." Sim, haverá descanso e louvor em nossa morada celestial, mas também haverá serviço a render ao nosso Senhor. O serviço que entregaremos na eternidade dependerá do tipo de serviço que entregarmos durante a nossa vida terrena. As Escrituras não nos fornecem detalhes, mas deixam claro que a maneira como servimos hoje determina o ministério que o Senhor nos dará no novo céu e na nova terra (Mt 24.45-51; 25.14-30). Não é fácil determinar os detalhes, mas é certo que o Senhor possui ministérios preparados no novo céu e na nova terra para todos os seus fiéis servos.

A palavra grega traduzida como "servirão", em Apocalipse 22.3, é um termo utilizado para a adoração a Deus (*latreuō*). Na entrada de muitas igrejas, com frequência, há uma placa com a inscrição ENTRE PARA ADORAR, e quando nos dirigimos para a saída, vemos uma placa com os dizeres SAIA PARA SERVIR. Contudo, no céu, serviço e adoração estarão unidos: nosso serviço será adoração e vice-versa. Confesso que nos últimos setenta e poucos anos, houve momentos em que minha adoração na terra foi muito difícil e meu serviço ao Senhor um pesado fardo, porém jamais será assim no céu. Cada pensamento, palavra e ação sempre serão adoração e serviço para a glória do Senhor.

Vivemos em um mundo que trabalha. Nosso serviço ao Senhor é tão diligente quanto o trabalho que realizamos diariamente? Seguimos a um Salvador servil. Imitamos a Jesus Cristo de modo que o Pai possa nos dizer: "Muito bem, servo bom e fiel!" O Senhor nos deu a fidedigna fórmula para o sucesso na vida cristã. Estamos obedecendo a essa fórmula ou estamos imitando os caminhos do mundo?

Lideramos os outros servindo-os.

Não há outro jeito.

Paradoxo

12

Conhecendo o amor que excede todo conhecimento

Por essa razão, ajoelho-me diante do Pai, do qual recebe o nome toda a família nos céus e na terra. Oro para que, com as suas gloriosas riquezas, ele os fortaleça no íntimo do seu ser com poder, por meio do seu Espírito, para que Cristo habite em seus corações mediante a fé; e oro para que vocês, arraigados e alicerçados em amor, possam, juntamente com todos os santos, compreender a largura, o comprimento, a altura e a profundidade, e conhecer o amor de Cristo que excede todo conhecimento, para que vocês sejam cheios de toda a plenitude de Deus. Àquele que é capaz de fazer infinitamente mais do que tudo o que pedimos ou pensamos, de acordo com o seu poder que atua em nós, a ele seja a glória na igreja e em Cristo Jesus, por todas as gerações, para todo o sempre! Amém! (Ef 3.14-21)

É possível operarmos um equipamento que não compreendemos, como também termos experiências que não conseguimos explicar. Não entendo como o meu computador funciona, mas, no meu jeito desajeitado, consigo compor as letras nele e até mesmo escrever livros. Sei como dirigir o meu automóvel, mas quando algo não está funcionando adequadamente, não faço ideia do que está errado ou de como consertá-lo. Estou à mercê dos técnicos e sou muito grato a Deus por eles.

Contudo, um fenômeno similar ocorre na vida cristã normal: *podemos experimentar, mas nem sempre conseguimos explicar*. O apóstolo Paulo nos assegura que podemos até "conhecer o amor de Cristo que excede todo conhecimento" (Ef 3.19)! Que paradoxo: conhecer o incompreensível!

A oração de Paulo, em Efésios 3.14-21, enfatiza a importância do amor de Deus em nossa vida de oração. Usualmente, nas Escrituras, a oração está associada à fé, porém este texto relaciona a oração ao amor. As inúmeras dimensões do amor de Cristo deveriam tocar cada aspecto da vida cristã, desde o alimento que ingerimos ao trabalho que executamos, dos pensamentos que temos aos planos que fazemos. Deveríamos crescer em nossa compreensão espiritual do amor de Jesus e sua intercessão por nós, ainda que o amor esteja além da mera compreensão humana. Aceitar esse "paradoxo do amor" da oração cristã pode nos ajudar a crescer tanto em nosso amor por Cristo quanto em nosso ministério de oração.

O que realmente estamos fazendo quando oramos, não apenas em fé, mas também no poder do amor de Jesus Cristo? A oração de Paulo nos fornece as respostas.

Estamos participando da edificação da igreja

Paulo abriu a sua oração com uma significativa expressão: "Por essa razão" (Ef 3.14). Por qual razão? Pelo motivo mencionado em Efésios 2.19-22, qual seja, a edificação da igreja de Jesus Cristo neste mundo. Antes de iniciar o seu ministério público, Jesus trabalhou como carpinteiro na oficina de José, em Nazaré (Mt 13.55; Mc 6.3). Desde a sua ascensão ao céu, Cristo tem trabalhado na edificação de um lar celestial para o seu povo (Jo 14.1-6), bem como na edificação de sua igreja na terra (Mt 16.13-20). Tenho ouvido de alguns pastores: "Bem, na minha igreja...", e minha vontade é relembrar-lhes que Jesus está edificando a igreja *dele* e não a nossa. Porém, podemos fazer a nossa parte por meio de nossas orações, nosso testemunho, ministério e dons.

Além de retratar a igreja como um edifício, Paulo igualmente usa as imagens da família (Ef 3.15), do corpo humano (Ef 4.16) e do exército (Ef 6.10-20) para ilustrar a significância da igreja. Observe que Paulo utiliza a palavra "todo(a)": toda a família, todo o edifício, todo o corpo. A igreja e seus dons espirituais não são para uma "elite especial", mas para todos os que confiam em Jesus como seu Salvador e Senhor. Satanás odeia a igreja e faz tudo o que for possível para obstruir os seus ministérios e atacar o povo de Deus. Um dos nomes do inimigo é "destruidor" (chamado "Abadom" e "Apoliom", em Ap 9.11); e desde o engano que ele impôs a Eva (Gn 3) até o seu julgamento final, coloca-se em oposição ao trabalho da igreja. Quando nossas orações são motivadas pelo amor, estamos ajudando a edificar e fortalecer a igreja de Cristo.

Estamos nos submetendo à vontade de Deus (3.14)

Em sua oração, Paulo dobrou seus joelhos em submissão ao Pai. Corretamente, alguém disse que o propósito da oração não é para que a vontade do homem seja feita no céu, mas que a vontade de Deus se cumpra na terra (1Jo 5.14-15). Não existe posição neutra: ou nos submetemos ou nos rebelamos. Inúmeras situações são mencionadas na carta aos efésios: ser ressuscitado dentre os mortos e assentar com Cristo (Ef 2.1-6), curvar-se em oração (3.14), viver em obediência (4.1) e permanecer alerta como um soldado e pronto para a batalha (6.10-20). Se nos assentarmos com Jesus Cristo, partilharemos de seu poder e autoridade, "reinando em vida" (Rm 5.17). A oração do apóstolo Paulo em Efésios 3.14-21 enfatiza a força e o poder que o Senhor compartilha conosco quando "confiamos e obedecemos". Lembre-se, estamos lutando *por causa* da vitória de Cristo sobre Satanás e não *pela* vitória com a nossa própria força. Em sua morte, ressurreição, ascensão para a glória e entronização no céu, Cristo declara total vitória e a compartilha conosco. Louve a Deus, pois nele somos vencedores!

Estamos encorajando o povo de Deus (v. 15)

Fazemos parte "de toda a família de Deus", e nosso Pai deseja que oremos não apenas por nós mesmos e nossas necessidades, mas igualmente pelos demais membros da família. Sou encorajado quando outras pessoas me dizem que estão orando por mim. Também recebo cartas de irmãos de outros países assegurando-me de suas orações de apoio por mim, e respondo, agradecendo e, igualmente, orando por eles. Com certeza, deveríamos orar pelos perdidos porque Deus "deseja que todos os homens sejam salvos" (1Tm 2.4), "não querendo que ninguém pereça, mas que todos cheguem ao arrependimento" (2Pe 3.9). O evangelista D. L. Moody afirmou: "Algumas pessoas acham que Deus não quer ser perturbado com nossa constante oração e pedido. A única maneira de perturbá-lo é *não orando nunca!*" Charles Haddon Spurgeon disse aos seus estudantes de ministério: "Contudo, irmãos, quer gostemos ou não, pedir é a regra do reino." Por que não temos o de que necessitamos? "Não têm, porque não pedem" (Tg 4.2). Frederick Beck escreveu: "Se você estiver com os pés no ar, é hora de ajoelhar-se."

Tenha em mente que nosso Sumo Sacerdote celestial está constantemente intercedendo por nós (Hb 7.25; Rm 8.34), assim como o Espírito Santo que habita em nós (Rm 8.26-27). Há alguma razão para não intercedermos por outras pessoas? A oração deveria ser motivada pelo amor, bem como pela fé. "A oração é a coisa mais importante na minha vida", declarou Martinho Lutero. "Se eu negligenciar a oração por um só dia, perderei uma grande parte do fogo da fé", ele concluiu.

Estamos amadurecendo a nossa vida cristã (vv. 16-17)

Estes versículos descrevem as mudanças que ocorrem na vida do cristão que possui uma vida de oração consistente e permeada de amor. Das riquezas da graça do Pai nos é disponibilizada toda a sabedoria e capacitação de que precisamos para cumprir a sua vontade e glorificar o seu nome. Podemos nos sentir incapazes de servir ao nosso Senhor, mas ele transformará a nossa fraqueza em força tal qual fez a Paulo (2Co 12.7-10).

A oração não apenas nos transforma da fraqueza à força e poder, como igualmente muda da superficialidade à profundidade (Ef 4.17). Um culto e uma pregação superficiais geram cristãos igualmente rasos. Que trágico é vivermos à base de "papinha", ignorando o alimento sólido que faz parte da dieta de todo cristão maduro (Hb 6). Considerando a perseguição que os cristãos estão sofrendo em diferentes partes do mundo hoje, nossas igrejas necessitam de liderança espiritual madura e profundidade de adoração como nunca antes. Nosso mundo tornou-se um campo de guerra e não de diversão. "Estejam vigilantes, mantenham-se firmes na fé, sejam homens de coragem, sejam fortes" (1Co 16.13).

Paulo utiliza três palavras para falar sobre profundidade: "habite", "arraigados" e "alicerçados". A palavra traduzida como "habite" significa "instalar-se e sentir-se em casa". Mediante o seu Espírito, nosso Senhor habita em nosso coração, e a maneira como tratamos o Espírito Santo é a maneira como tratamos o Salvador. Alguém disse que Jesus deveria ser presidente e não apenas residente, e isso é a mais pura verdade. Cristo não pode se sentir à vontade em nosso coração se entristecermos, mentirmos ou resistirmos ao Espírito. Se desejamos desfrutar das bênçãos do Espírito de Deus, devemos garantir que ele se sinta em casa. Isso significa assegurarmos um coração limpo, uma vontade obediente, uma mente permeada com a verdade de Deus e um profundo desejo de glorificar o Senhor em todos os nossos atos e palavras.

Se o Salvador não se sentir em casa em nosso coração, ele não pode abençoar a minha vida ou ministério e tampouco responder às minhas orações. "Se eu acalentasse o pecado no coração, o SENHOR não me ouviria" (Sl 66.18). No livro de Gênesis, capítulos 18 e 19, nosso Deus visitou Abraão pessoalmente, mas enviou dois anjos a Ló, que estava morando na perversa Sodoma. Nosso Senhor não se sentiu em casa na residência de Ló, mas se sentiu muito à vontade no lar de Abraão e o abençoou. Igualmente, Jesus sentia-se em casa com Maria, Marta e Lázaro, em Betânia (Lc 10.38-42; Jo 12.1-8), mas não se sentiu bem recebido na residência de Simão, o fariseu cujo coração não era correto (Lc 7.36-49). Será que ele se sente em casa em nosso coração, lares e igrejas? (Mt 18.20).

A segunda palavra relacionada à profundidade, em Efésios 3.17, é "arraigados", que discorre sobre vegetação. O cristão a quem Deus abençoa possui suas raízes próximas ao rio, pois, nas Escrituras, água de beber é um retrato para o Espírito Santo (Jo 7.37-39; Sl 1.1-3). Nós devemos estar "enraizados e edificados nele, firmados na fé" (Cl 2.7). Tristemente, muitos que professam ser cristãos são mais parecidos com ervas daninhas do que com árvores, pois eles são "jogados para cá e para lá por todo vento de doutrina" (Ef 4.14). As raízes dão estabilidade à árvore e a mantêm firme quando a tempestade vem. Sem a nutrição trazida pelas raízes, a árvore não consegue produzir fruto e ser uma bênção às pessoas.

Não somente devemos estar arraigados como também "alicerçados", que é um termo relacionado à arquitetura, cujo significado é "estabelecido em uma boa fundação". Isso nos faz lembrar da parábola do Senhor sobre os dois construtores (Mt 7.24-29). Se não edificarmos a nossa vida em obediência à Palavra de Deus, estaremos construindo sobre a areia e a nossa construção não será duradoura. Para estabelecer um alicerce forte são necessários tempo e um trabalho árduo e disciplinado, caso contrário a estrutura não resistirá.

Duas das congregações às quais minha esposa e eu servimos precisaram passar por processos de construção. Na primeira igreja, o antigo prédio foi demolido e um novo santuário foi erguido. Na segunda, um novo e maior santuário foi construído, vizinho ao antigo. Em ambas, parecia que a fase de construção do alicerce jamais seria concluída. Dia após dia, eu olhava para aquele buraco profundo, até que perguntei ao arquiteto: "Quando vamos sair desse buraco?" Sua resposta foi o melhor sermão de uma frase que já ouvi: "Pastor, se você não for muito para baixo, não conseguirá ir muito para cima." Questão encerrada.

Estamos expandindo a nossa capacidade espiritual (vv. 18-19)

À medida que as crianças crescem, o corpo fica maior, assim como o mundo em que elas vivem, incluindo seus vocabulários, responsabilidades e oportunidades. E o mesmo deveria ocorrer com cada filho de Deus. À medida que lemos e estudamos a Bíblia, nos reunimos com a família da igreja em adoração e oração, aprendemos com os professores de escola bíblica dominical e pastores, bem como servimos ao Senhor, e conforme as portas se abrem para nós, deveríamos crescer em cada área da vida cristã. Ainda que não seja possível mensurar a vastidão das dimensões do amor do Criador, podemos receber dele a medida diária que somos capazes de apreender e apreciar. O prazer de seu amor resulta na expansão nesse sentimento; e quando crescemos em graça e conhecimento, crescemos em nossa capacidade espiritual.

Qual a extensão do mundo de Deus? "Porque Deus tanto amou o mundo" (Jo 3.16). Qual é o comprimento de seu amor? Uma cruz onde o Pai "não poupou seu próprio Filho" (Rm 8.32). Qual a profundidade de seu amor? Jesus Cristo foi feito pecado por nós (2Co 5.21). Qual a altura de seu amor? "Vou preparar lugar para vocês" (Jo 14.1-6). Quanto mais refletirmos sobre essas dimensões, tanto mais cresceremos em nosso amor por Cristo e em nossa compreensão da graça divina, e maior se torna a nossa capacidade de amar a Deus e uns aos outros, incluindo o mundo perdido.

Estamos trazendo glória a Deus

A força e a plenitude de Deus estão disponíveis a nós se sinceramente buscarmos glorificar a Deus e não a nós mesmos. Observe que cada membro da Trindade é citado na oração registrada em Efésios 3: o Pai (vv. 14-16), o Filho (vv. 17, 19, 21) e o Espírito Santo (v. 16). O Filho glorifica o Pai (Jo 13.31-32), e o Espírito glorifica o Filho (Jo 16.13-15).

Perceba que o Espírito deseja glorificar Jesus mediante a obra individual em cada cristão: "com o seu poder que atua em nós" (Ef 3.20). Orar apenas não é suficiente. Devemos também estar disponíveis para que o Senhor *nos use na resposta da oração*. É uma tolice fazer pedidos ao Senhor e, então, permanecer como meros espectadores e não participantes. Devemos imitar Isaías, o profeta, e dizer: "Eis-me aqui. Envia-me!" (Is 6.8). Moisés desejava que o Senhor libertasse o povo de Israel da escravidão no Egito. Então, *ele* foi enviado pelo Criador para realizar essa obra. Neemias chorou porque Jerusalém estava em ruínas e orou pela intervenção divina, e Deus *o* chamou para supervisionar o trabalho de reconstrução. Gideão sentiu-se oprimido pela invasão dos midianitas a Israel, e Deus *o* indicou para liderar o exército israelita rumo à vitória. Em certo dia do Senhor, durante o culto na igreja, Hudson Taylor sentiu um grande peso pelo povo chinês e entregou-se totalmente ao Senhor. O chamado de Deus chegou a *ele* e, no dia seguinte, Hudson Taylor abriu uma conta bancária no nome da Missão para o Interior da China. "Eis-me aqui. Envia-me!"

Ouvi sobre um pai que estava liderando sua esposa e filhos em oração, rogando especialmente pelos missionários. Ao terminar de orar, um de seus filhos comentou: "Papai, se eu tivesse o seu talão de cheques, eu poderia responder às suas orações." Aquela criança compreendeu "o seu poder que atua em nós". Não podemos fazer tudo, mas podemos fazer algo, e o Altíssimo proverá o poder. Em Judas 21, recebemos a seguinte exortação: "Mantenham-se no amor de Deus." Isto é obediência ao Senhor que afirmou: "Se vocês me amam, obedecerão aos meus mandamentos" (Jo 14.15). Chuck Colson disse: "Deus não quer o nosso sucesso. Ele nos quer. Ele não exige nossas conquistas; ele exige a nossa obediência." Ainda, John R. W. Stott assim expressou: "A grandeza, no Reino de Deus, é medida em termos de obediência."

Jamais seremos capazes de calcular as dimensões do amor de Deus, tampouco conhecer plenamente "o amor de Cristo que excede todo conhecimento" (Ef 3.19). Contudo, as "declarações de dimensões", expressas nas Escrituras, nos asseguram que há abundância de amor para todos eternamente! Em Romanos 8.35-39, Paulo deixa claro que nada pode nos separar do amor de Deus, porém Judas 21 nos alerta para o fato de que os filhos do Altíssimo podem separar-se do amor dele. Isso foi exatamente o que a igreja de Éfeso fez! Jesus disse-lhes: "Contra você, porém, tenho isto: você abandonou o seu primeiro amor" (Ap 2.4; veja 2.1-7). Havia muito sobre a igreja de Éfeso a ser elogiado por Jesus, mas o ministério dos efésios não era motivado pelo amor a Cristo. Podemos ocupar todo o nosso tempo com a leitura da Bíblia, orações, auxílio aos outros e até mesmo com sacrifícios, porém se as nossas ações não fluírem de nosso amor por Jesus, o Senhor não as aceitará (veja 1Co 13.1-3). A missionária Amy Carmichael nos relembra: "Você pode dar sem amor, porém não pode amar sem dar."

Deus deseja ambos.

Paradoxo

13

Vemos o invisível

No princípio Deus criou os céus e a terra. Era a terra sem forma e vazia; trevas cobriam a face do abismo, e o Espírito de Deus se movia sobre a face das águas. Disse Deus: "Haja luz", e houve luz. Deus viu que a luz era boa, e separou a luz das trevas. (Gn 1.1-4)

O servo do homem de Deus levantou-se bem cedo pela manhã e, quando saía, viu que uma tropa com cavalos e carros de guerra havia cercado a cidade. Então ele exclamou: "Ah, meu senhor! O que faremos?" O profeta respondeu: "Não tenha medo. Aqueles que estão conosco são mais numerosos do que eles." E Eliseu orou: "SENHOR, abre os olhos dele para que veja." Então o SENHOR abriu os olhos do rapaz, que olhou e viu as colinas cheias de cavalos e carros de fogo ao redor de Eliseu. (2Rs 6.15-17)

Abre os meus olhos para que eu veja as maravilhas da tua lei. (Sl 119.18)

A tua palavra é lâmpada que ilumina os meus passos e luz que clareia o meu caminho. (Sl 119.105)

Em resposta, Jesus declarou: "Digo-lhe a verdade: Ninguém pode ver o Reino de Deus, se não nascer de novo... Este é o julgamento: a luz veio ao mundo, mas os homens amaram as trevas, e não a luz, porque as suas obras eram más. Quem pratica o mal odeia a luz e não se aproxima da luz, temendo que as suas obras sejam manifestas. Mas quem pratica a verdade vem para a luz, para que se veja claramente que as suas obras são realizadas por intermédio de Deus." (Jo 3.3, 19-21)

Pela fé [Moisés] saiu do Egito, não temendo a ira do rei, e perseverou, porque via aquele que é invisível. (Hb 11.27)

A cidade não precisa de sol nem de lua para brilharem sobre ela, pois a glória de Deus a ilumina, e o Cordeiro é a sua candeia. (Ap 21.23)

Hoje em dia, há notáveis instrumentos científicos que nos permitem penetrar o mundo microscópico, contemplar o espaço sideral, a natureza que nos cerca, bem como o corpo humano com suas muitas células, órgãos e aflições. Pessoalmente, sou muito grato por dispor de um kit que me auxilia no controle do nível de açúcar em meu sangue, assim como aprecio o meu oftalmologista que verifica os meus olhos a cada mês e faz tudo o que é necessário para evitar que eu perca a visão. (Meu almanaque me informa que um em cada 12 mil a 24 mil diabéticos pode perder a visão, e eu não quero fazer parte dessa estatística). Igualmente, tenho um médico especializado em audição. Acredite-me, envelhecer possui seus contratempos! Em meu caso, são os olhos que necessitam de maior atenção e agradeço ao Senhor pelos profissionais e equipamentos que tornam isso possível.

O Senhor nos criou para ver e jamais devemos assumir esse privilégio como garantido. Estou escrevendo este capítulo durante um aprazível dia de primavera e, após o jantar, planejo sentar-me ao lado de minha esposa no pátio e admirar as flores do jardim, acompanhar o vaivém dos pássaros e esquilos e observar as sombras do anoitecer. Enquanto houver luz natural, provavelmente lerei um livro. Sem o dom da visão, tudo isso seria impossível.

No entanto, existe outro tipo de visão que é muito importante e que igualmente deve ser cultivado e protegido, qual seja, a visão espiritual que Moisés teve, pois ele foi capaz de ver o invisível (Hb 11.27). Recordo-me de ouvir Vance Havner dizer, durante um sermão, que: "Moisés viu o invisível, escolheu o que é imperecível e fez o impossível" (veja Hb 11.23-29). Contudo, tal privilégio não está restrito apenas aos grandes líderes como Moisés, pois o Senhor o oferece a todos os seus filhos. Como Jesus disse a Nicodemos, quando você nasce de novo, os seus olhos espirituais se abrem para contemplar as maravilhas do Reino de Deus (Jo 3.3). E, à medida que você cresce espiritualmente, consegue ver o invisível, regozijando-se na beleza e generosidade daquele reino. Nessa experiência, há quatro estágios envolvidos, pois nos movemos da cegueira à visão, da visão ao discernimento íntimo, deste à imaginação e, por fim, para a realidade.

Cegueira: Os incrédulos não podem ver as coisas de Deus

Quando Jesus veio a este mundo, as pessoas estavam envolvidas por uma escuridão espiritual e, assim, eram incapazes de encontrar a luz (Mt 4.13-16; Is 9.1-2). O Senhor enviou João Batista com a missão de preparar as pessoas para receberem a luz transformadora de vida que Jesus é e pode dar (Jo 8.12). "Surgiu um homem enviado por Deus, chamado João. Ele veio como testemunha, para testificar acerca da luz, a fim de que por meio dele todos os homens cresçam. Ele próprio não era a luz, mas veio como testemunha da luz. Estava chegando ao mundo a verdadeira luz, que ilumina todos os homens" (Jo 1.6-9).

As únicas pessoas a serem informadas sobre a luz que está brilhando são as pessoas cegas, e nosso mundo hoje jaz na treva espiritual!

Ao longo das páginas do Evangelho de João, você encontra pessoas cegas que não compreenderam o que Jesus estrava ensinando. No capítulo 2, a multidão achou que ele estava falando sobre o templo de Jerusalém (vv. 13-22). No capítulo 3, Nicodemos pensou que nosso Senhor estava falando sobre o nascimento físico (vv. 1-4). Ainda, no capítulo 4, a mulher samaritana entendeu que Jesus falava sobre água física e não água espiritual (vv. 1-15). A multidão de judeus, no capítulo 6, nada entendeu sobre o pão espiritual vindo do céu ou o que significava comer a carne e beber o sangue de Jesus (vv. 22-58). Ao falar sobre liberdade espiritual, os ouvintes de Jesus pensaram em liberdade política (Jo 8.31-36). Eu poderia prosseguir, mas estou certo de que você já entendeu a mensagem. Se os pecadores perdidos estiverem verdadeiramente buscando a salvação, o Espírito Santo irá abrir-lhes os olhos e o coração, e eles compreenderão a verdade espiritual. Jesus chamou os fariseus de "guias cegos" (Mt 15.14; 23.16-26). Satanás é o príncipe das trevas (Lc 22.53) e ele cega os olhos dos descrentes (2Co 4.1-6). Enquanto testemunhamos ao perdido, compartilhamos as Escrituras com eles e oramos por eles, o Espírito Santo trabalha para convencê-los e levá-los ao Salvador.

Visão: Quando você crê em Jesus, consegue ver a verdade

Fui criado dentro da escola dominical e da igreja, tendo inclusive confirmado meu batismo, porém jamais havia nascido de novo. Muita semente fora plantada em meu coração, mas a semeadura não deu fruto até poucos dias antes de completar dezesseis anos, ao participar de uma reunião da Mocidade para Cristo. Naquela noite, quando Billy Graham pregou a Palavra de Deus, o Espírito me tocou, abrindo os meus olhos e meu coração. Eu cri na promessa de Deus e aceitei seu Filho como meu Salvador e Senhor, e minha vida foi radicalmente transformada. Eu podia ver!

Para começar, meus olhos foram abertos para *mim mesmo*. Eu era um adolescente religioso, mas não era um filho de Deus. Precisava nascer de novo. Isso não significa que meus pastores, professores da escola dominical, familiares e amigos haviam falhado durante todos aqueles anos. Eles plantaram a semente e oraram por mim e o fruto surgiu naquela noite no encontro da MPC. Lá, meus olhos abriram-se *para Jesus* e eu o recebi, tornando-me um filho de Deus. Meus olhos foram abertos *para a Bíblia* e fui acometido por um apetite insaciável por ler e estudar a verdade de Deus. Comecei a frequentar uma classe de estudo bíblico, às quintas-feiras, à noite, onde estudei a epístola aos Hebreus. De fato, um alimento realmente sólido para um recém-convertido a Cristo! No entanto, à medida que lia e estudava a Bíblia, meus olhos foram abertos *para a vontade de Deus*, e soube que o Senhor me queria no ministério, em tempo integral.

Sou grato a Deus pelos adultos que devotaram tempo e energia no processo de alicerçar em mim, bem como em outros novos convertidos, os princípios básicos da vida cristã. Eles oraram por nós, compartilharam obras e publicações cristãs e nos ensinaram as Escrituras, semana após semana. Durante meus anos de ministério, tem sido motivo de extrema alegria poder trabalhar com jovens convertidos e pastores recém-ordenados, encorajando-os em sua jornada e trabalho. O texto de 2Timóteo 2.2 ainda está na Bíblia, ao qual deveríamos obedecer. Todos os cristãos, jovens e velhos, devem investir tempo diário na leitura e estudo da Bíblia, assim como descobrir um espaço adequado na igreja local onde possam adorar, ensinar e serem ensinados como compartilhar o evangelho com as demais pessoas.

Discernimento íntimo: à medida que você cresce em graça, consegue ver mais fundo

Esta é a capacidade de adentrar a natureza interna das circunstâncias, pessoas, conceitos e coisas. Igualmente, é a capacidade de compreender o significado por trás de palavras, imagens e ensinamentos na Bíblia. "Abre os meus olhos para que eu veja as maravilhas da tua lei" (Sl 119.18) é uma oração necessária para todo aquele que estuda a Bíblia, em conjunto com "Desvia os meus olhos das coisas inúteis; faze-me viver nos caminhos que traçaste" (Sl 119.37). O filósofo dinamarquês cristão, Søren Kierkegaard, assim orou: "Senhor, dê-nos olhos fracos para as coisas de menor valia e olhos aguçados para tudo o que há em sua verdade." Nosso professor é o Espírito Santo (Jo 14.26), que nos capacita a comparar textos distintos das Escrituras e descobrir novas verdades, enquanto meditamos na palavra divina e obedecemos ao que Deus nos ordena. Nenhum cristão sincero lerá a Bíblia descuidadamente, mas dedicará tempo para orar, examinar e ponderar no que disse o Senhor. Deveríamos também verificar as referências cruzadas e permitir que uma passagem bíblica traga luz sobre outras passagens.

Uma das marcas de um professor maduro da Palavra de Deus é a capacidade em deixar que a Bíblia seja o seu próprio comentarista. Sim, necessitamos de professores e comentários, mas igualmente precisamos dedicar tempo para uma cuidadosa leitura das Escrituras, para verificar as referências cruzadas e meditar na verdade divina. Lembro-me de meu entusiasmo como jovem estudante ao descobrir que o texto de Habacuque 2.4, "o justo viverá pela sua fé" (ARA), é repetido em outras três passagens do Novo Testamento: Romanos 1.17, Gálatas 3.11 e Hebreus 10.38. A primeira repetição ocorre no início de Romanos, onde o tema principal é "o justo". A segunda citação encontra-se no meio de Gálatas, onde o assunto é "como vive o justo". A última, próximo ao término de Hebreus, onde o tópico vigente é "pela fé". (Veja Hebreus 11, onde esta expressão, "pela fé", é encontrada dezoito vezes.)

Pesquisar e estudar frases bíblicas repetidas é uma notável forma de descobrir as verdades mais profundas da Bíblia. Assim, invista em uma Bíblia que possua boas referências cruzadas, bem como adquira uma concordância completa da versão bíblica que você estuda. Igualmente, encorajo você a ter em mãos um exemplar de *The Treasury of Scripture Knowledge* (O tesouro do conhecimento das Escrituras), editado por Jerome H. Smith e publicado em inglês pela Thomas Nelson. Trata-se de uma ferramenta de estudo bíblico da qual não abro mão, porque nela encontro milhares de referências cruzadas que muito me ajudam na compreensão dos versículos que estou estudando.

Imaginação: vemos o invisível

Se pudéssemos questionar os grandes homens de Deus, encontrados na Bíblia e na história da igreja, "Como você conseguiu fazer o que fez?", provavelmente eles responderiam: "O Senhor nos deu uma visão, nós confiamos e obedecemos, e ele fez o resto." O texto de Hebreus 11 deixa claro que foi "pela fé" que os heróis ali citados conquistaram suas vitórias. O Criador deu a Abraão e Sara a visão de uma poderosa nação, principiando com Isaque, o único filho deles. Isaque compartilhou esta visão com Jacó, e Deus deu a Jacó doze filhos, que deram origem às doze tribos de Israel, o povo de Deus. Antes de sua morte, Jacó proferiu uma mensagem especial a cada um de seus filhos (Gn 49). A visão de Jacó do chamado do Senhor sustentou o povo judeu durante séculos de sofrimento, sendo que José os fez prometer enterrá-lo junto aos seus antepassados na Terra Prometida (Gn 50.22-26; Êx 13.19). Os patriarcas judeus tinham a visão futura de uma grande nação habitando em uma grande terra, e Deus cumpriu cada palavra de sua aliança com o povo de Israel.

Deus deu a Moisés a visão de uma nação de peregrinos que seriam libertos do Egito e viajariam rumo à Terra Prometida. E, pela fé, ele os liderou nessa jornada. Josué possuía a visão de conquistar a terra, subjugar seus habitantes e lá estabelecer a nação de Israel, e o Criador honrou a sua fé. Após anos de altos e baixos na política e na religião, a nação tornou-se um reino sob a liderança de Davi, ancestral de nosso Senhor Jesus Cristo, o "filho de Davi". Um dos capítulos mais encorajadores da Bíblia é 2Samuel 7, que retrata a aliança de Deus com Davi. Sim, ele teve as suas horas de tentação e derrota, mas você encontra mais de mil citações do nome de Davi na Bíblia, em especial no primeiro versículo do Novo Testamento (Mt 1.1). Com efeito, Jesus é chamado de "filho de Davi".

A maioria — talvez todo — do trabalho criativo neste mundo começa com uma visão. O artista "vê" a sua obra, primeiramente, em sua mente, faz um esboço dela e começa a trabalhar. Então, a obra se materializa. A pintura cresce tanto em sua mente quanto na tela. O arquiteto imagina um prédio e desenha o que vê em sua mente. Logo, as plantas oficiais são concluídas. O compositor ouve a melodia em sua mente e vê as notas, anotando-as em uma partitura, dando início a uma inédita sinfonia. O autor tem a visão de alguns personagens em um determinado lugar, envolvidos em circunstâncias incomuns que, no devido tempo, dão origem a um romance. O pastor medita em uma porção da Bíblia e, com o auxílio do Espírito Santo, começa a "ver" e "sentir" um sermão. Quer seja cozinhando, decorando um ambiente, preparando uma palestra, escrevendo um poema ou planejando uma viagem de férias, não há como evitar a visão imaginativa.

Quando Jesus quis focar o coração de seus discípulos no evangelismo, disse-lhes: "Abram os olhos e vejam os campos! Eles estão maduros para a colheita" (Jo 4.35). Estaria ele direcionando a visão dos discípulos para a mulher que acabara de trazer à salvação, enquanto ela conduzia seus amigos da cidade ao poço? Os apóstolos talvez tenham visto apenas "inimigos" samaritanos se aproximando, mas Jesus visualizou uma colheita de almas. Os cristãos dotados de uma visão espiritual aguçada conseguem ver pessoas, circunstâncias e tribulações como Deus as vê, ou seja, como oportunidades de trazer bênção aos necessitados e glória a Deus. Algumas vezes, usamos o termo "visionários" com o significado de "sonhadores", porém, no vocabulário cristão, visionários são "agentes do bem" e não "sonhadores". Se os missionários não forem visionários no melhor sentido do termo, então, não realizarão muito.

J. Hudson Taylor teve a visão de proclamar o evangelho no interior da China, e tal visão materializou-se na Missão para o Interior da China. Lembro-me de quando pastores e homens de negócios visualizaram um ministério de evangelismo entre os adolescentes, que resultou na criação da Mocidade para Cristo. Dwight L. Moody teve a visão de construir uma escola onde as pessoas pudessem estudar a Bíblia e se preparar melhor para servir em suas igrejas locais e, assim, surgiu o Instituto Bíblico Moody. A visão de Amy Carmichael foi a de resgatar jovens garotas na Índia, evitando que fossem sequestradas e forçadas à imoralidade e idolatria, sendo que seu ministério ainda está na ativa. Deus deu a Chuck Colson a visão de ministrar a homens e mulheres na prisão, bem como aos seus familiares em seus respetivos lares. Atualmente, a Prison Fellowship (Comunhão Prisional) mantém viva essa visão com seus muitos ministérios.

Primeiramente, você recebe a visão e, então, esta cresce à medida que outras pessoas se unem a ela. Antes de você se dar conta, a visão se materializa em uma transformadora realidade que ministra às pessoas e glorifica ao Senhor.

O Senhor salva pecadores transportando-os da cegueira para a visão. Então, ele move o seu povo da visão ao discernimento e deste à imaginação, culminando em uma realidade ministerial. Assim como Moisés, vemos o invisível e, no devido tempo, conseguimos o impossível! As pessoas nos dizem que isso não pode ser feito, mas a Bíblia e a história da igreja respondem: "Isso tem sido feito e será feito novamente!"

Você estará entre os que realizarão esses feitos?

Paradoxo

14

Perdendo o que você nunca teve

E também será como um homem que, ao sair de viagem, chamou seus servos e confiou-lhes os seus bens. A um deu cinco talentos, a outro dois, e a outro um; a cada um de acordo com a sua capacidade. Em seguida partiu de viagem. O que havia recebido cinco talentos saiu imediatamente, aplicou-os, e ganhou mais cinco. Também o que tinha dois talentos ganhou mais dois. Mas o que tinha recebido um talento saiu, cavou um buraco no chão e escondeu o dinheiro do seu senhor. Depois de muito tempo o senhor daqueles servos voltou e acertou contas com eles. O que tinha recebido cinco talentos trouxe os outros cinco e disse: "O senhor me confiou cinco talentos; veja, eu ganhei mais cinco." O senhor respondeu: "Muito bem, servo bom e fiel! Você foi fiel no pouco; eu o porei sobre o muito. Venha e participe da alegria do seu senhor!" Veio também o que tinha recebido dois talentos e disse: "O senhor me confiou dois talentos; veja, eu ganhei mais dois." O senhor respondeu: "Muito bem, servo bom e fiel! Você foi fiel no pouco; eu o porei sobre o muito. Venha e participe da alegria do seu senhor!" Por fim veio o que tinha recebido um talento e disse: "Eu sabia que o senhor é um homem severo, que colhe onde não plantou e junta onde não semeou. Por isso, tive medo, saí e escondi o seu talento no chão. Veja, aqui está o que lhe pertence." O senhor respondeu: "Servo mau e negligente! Você sabia que eu colho onde não plantei e junto onde não semeei? Então você devia ter confiado o meu dinheiro aos banqueiros, para que, quando eu voltasse, o recebesse de volta com juros. Tirem o talento dele e entreguem-no ao que tem dez. Pois a quem tem, mais será dado, e terá em grande quantidade. Mas a quem não tem, até o que tem lhe será tirado. E lancem fora o servo inútil, nas trevas, onde haverá choro e ranger de dentes." (Mt 25.14-30)

A parábola dos talentos, contada por nosso Senhor, poderia muito bem ser chamada de "Não engane a si mesmo" ou, talvez, "A vida cristã é séria, assim, dê o seu melhor". Aqui estão três homens, todos servindo ao mesmo mestre. Os dois primeiros foram recompensados com louvor, promoção e alegria, ao passo que o terceiro perdeu tudo e experimentou solidão, trevas e dor.

Porém, o que isso tem a ver com o povo de Deus hoje? Leia o versículo 13 e você terá a resposta: "Portanto vigiem, porque vocês não sabem o dia nem a hora!" Quando Jesus retornar, o povo do Senhor, que ainda estiver vivo, bem como os já sepultados, será levado ao céu (1Co 15.50-58; 1Ts 4.13-18), e todos nós estaremos diante dele, em seu trono de julgamento, prestando contas de nossos atos (Rm 14.10-22; 2Co 5.10). Aqueles que tiverem sido fiéis serão recompensados, enquanto os demais serão igualmente salvos "como alguém que escapa através do fogo" (1Co 3.5-17). A fidelidade e o serviço de cada cristão determinarão as recompensas e atribuições a serem recebidas no tribunal de Cristo.

Essa parábola nos fornece alguns princípios práticos para verificar se estamos prontos para o retorno de nosso Senhor e nosso comparecimento diante de seu tribunal.

Habilidade leva à oportunidade

Hoje, utilizamos a palavra "talento" para descrever as competências e habilidades naturais de uma pessoa. Porém, nos tempos do Novo Testamento, um talento era uma unidade para dinheiro. Equivalia à renda média anual recebida por um trabalhador. O mestre distribuía os talentos de acordo com a habilidade de cada servo, sendo assim considerada uma atribuição justa. Os talentos representam as oportunidades concedidas por Deus nas quais devemos usar as nossas competências. Se o servo que recebeu um talento tivesse recebido mais outro talento, ele teria ganhado a mesma recompensa que os outros dois.

Não é nossa falha se nos faltam habilidades que outros possuem. Em nossa concepção, ainda no ventre materno, nossas habilidades nos foram dadas e, em nossa conversão a Cristo, recebemos os dons espirituais (Sl 139.13-16;

1Co 12). Meus dois irmãos mais velhos são ambos dotados de habilidade mecânica e atlética, enquanto eu não as tenho. Jamais fui solicitado a reparar um carro ou arbitrar um evento esportivo. Na verdade, na escola eu era o último a ser escolhido na formação dos times. Assim, devemos conhecer as nossas próprias habilidades pessoais e dons espirituais, agradecer por eles e usá-los no cumprimento da vontade de Deus, glorificando o seu nome.

O terceiro servo cometeu o erro de pensar que não era importante o suficiente porque tinha apenas um talento e, portanto, pouca habilidade. O que você pode fazer com tão pouco? No entanto, se ele tivesse investido aquele único talento e obtido outro, certamente teria recebido a sua justa recompensa. O mestre sabia que este servo era um homem perverso e negligente (v. 26), porém, não obstante, deu-lhe uma oportunidade de ganhar uma promoção. George Morrison escreveu: "A verdadeira recompensa não é a tarefa mais importante. É a *capacidade* de realizar essa tarefa mais importante."[1] Os cristãos que fielmente servem ao Senhor em pequenas coisas crescerão em força de modo a serem recompensados com maiores oportunidades (vv. 21-23).

Mesmo na prisão, o jovem José foi fiel e acabou sendo nomeado como o segundo homem em importância no Egito (Gn 39-41). Davi começou como um garoto pastor e tornou-se o maior rei de Israel. Rute era uma pobre viúva e uma respigadora estrangeira que amou e fielmente cuidou de sua sogra. Ela desposou um dos homens mais ricos de Belém e tornou-se uma ancestral de Jesus. Josué iniciou como servo, mas tornou-se sucessor de Moisés e liderou a conquista da Terra Prometida. Nosso Pai não deseja que sejamos administradores preguiçosos, exagerando na proteção ao que nos é confiado por ele. Antes, ele quer que sejamos servos, trabalhadores e investidores fiéis, que obedeçam a sua vontade, cresçam em força e tornem-se capazes de realizar maiores e melhores feitos. Cultive as habilidades e dons que lhe têm sido concedidos, coloque-os em ação para a glória do Senhor e ele o desenvolverá e, por fim, o recompensará.

Responsabilidade envolve relacionamento

Durante os meus anos de seminarista, antes de ser chamado a pastorear uma igreja, tive inúmeros empregos de meio-período e uma grande variedade de

---

[1] MORRISON, George. *Highways of the Heart* [Estradas do coração] (Grand Rapids: Kregel, 1994), p. 262.

chefes. Logo aprendi como eles se relacionavam com o "gerente" e o que era esperado deles e de mim. Dedicava-me ao máximo para passar uma boa imagem ao meu chefe imediato.

Um empregado que cria problemas para seu chefe pode acabar desempregado.

É óbvio que o terceiro servo, na parábola contada por nosso Senhor, não mantinha um bom relacionamento com seu mestre ou com sua função. O coração daquele servo não estava em seu trabalho ou não era controlado pelo amor ao seu mestre. Ele via o mestre como um homem exigente que recebia todo o crédito pelo serviço que outras pessoas realizavam (v. 24). O servo trabalhava apenas quando o seu superior estava olhando — Paulo denominou isso de "servir à vista" (Ef 6.6; Cl 3.22) — e, provavelmente, ele se sentiu humilhado por receber apenas um talento. No entanto, seu mestre estava lidando com ele com justiça, pois o servo não possuía muita habilidade ou um grande desejo de trabalhar. Na verdade, seu mestre estava sendo muito condescendente com ele. Nosso relacionamento pessoal com Jesus é a chave para uma vida cristã fiel e frutífera. Ele é a videira e nós somos os ramos e, assim, devemos obter dele a nossa força (Jo 15.1-8). Em João 15.5, nosso Senhor deixa claro que sem ele nada podemos fazer.

Não importa o quanto sejamos treinados e experientes em um determinado serviço, pois a bênção de Deus é que torna nosso trabalho frutífero. A menos que tenhamos comunhão diária com ele, meditando em sua Palavra e orando (At 6.4), não podemos conhecer a sua vontade e cumpri-la para a glória de Deus. O terceiro servo desprezou o seu mestre e o enganou quanto ao serviço a ele designado. Em vez de ser recompensado, aquele servo foi advertido e rejeitado. Conheço pessoas que estavam muito irritadas com Deus porque suas orações não foram respondidas como desejavam. Elas se esqueceram da palavra em Deuteronômio 6.5: "Ame o SENHOR, o seu Deus, de todo o seu coração, de toda a sua alma e de todas as suas forças."

De fato, servir ao Senhor é um privilégio e, assim, deveríamos devolver a ele o nosso melhor. O coração de um servo deve estar em sua ocupação ou isso acabará se tornando um trabalho penoso.

Mordomos, não proprietários

O terceiro servo teve a atitude errada não apenas em relação ao seu mestre, mas também com respeito ao talento que lhe foi designado. Aquele servo achou que era dono daquele talento e que poderia fazer o que bem desejasse com ele. Porém, devemos lembrar que tudo o que possuímos — mente, corpo e vontade (Rm 12.1-2), nosso lar com tudo o que há em seu interior, nossos recursos financeiros e mesmo a nossa agenda diária — tudo, sem exceção, provém do Senhor e, portanto, a ele pertence. Somos mordomos e devemos usar o que Deus nos concede com o intuito de servi-lo e honrá-lo. "Do SENHOR é a terra e tudo o que nela existe, o mundo e os que nele vivem" (Sl 24.1). "O que se requer destes encarregados é que sejam fiéis" (1Co 4.2).

O terceiro servo pensou que o talento lhe pertencia e, assim, o enterrou a fim de protegê-lo até que o seu mestre o reclamasse, mas acabou tendo de entregá-lo ao servo que tinha dez talentos! "Pois a quem tem, mais será dado, e terá em grande quantidade. Mas a quem não tem, até o que tem lhe será tirado" (Mt 25.29). Há um paradoxo para você! Muitas pessoas na Bíblia pensaram que possuíam alguma coisa, mas, na realidade, nada tinham e mesmo esse "nada" lhes foi tirado. Considere o rei Herodes (At 12.20-23), Ananias e Safira (At 5.1-11), o jovem rico (Mc 10.17-22), a rainha Jezabel (2Rs 9.30-37), Hamã (Et 5.11; 7.1-10) e Judas Iscariotes (At 1.15-20). "Se alguém se considera alguma coisa, não sendo nada, engana-se a si mesmo" (Gl 6.3). Que contraste com o nosso Senhor Jesus Cristo que se fez pobre para que nos tornássemos ricos (2Co 8.9)!

A fé domina o medo e leva à obediência e à bênção

Pelo fato de o servo negligente pensar que seu mestre era um homem severo e duro de trato, ele foi dominado pelo medo e não pela fé (Mt 25.24-25). Ele deve ter pensado: "E se eu investir esse dinheiro e meu investimento falhar ou meu talento for roubado? O que meu mestre fará comigo?" Se, ao invés de ser indolente no trabalho, esse servo descuidado trabalhasse arduamente com os outros dois servos, ele teria aprendido como ser bem-sucedido. Porém, agora era tarde. O que ele quis foi assegurar sua proteção, enterrando o seu único talento no chão. Ele teve medo de seu mestre e de uma possível falha, não obstante tenha feito tudo para colher exatamente o que temia. "O preguiçoso considera-se mais sábio do que sete homens que respondem com bom senso" (Pv 26.16). Em vez de admitir as suas próprias falhas e mudar seu comportamento, o servo negligente acusou o seu mestre. Diz-se com propriedade que a pessoa boa em desculpas raramente é boa em algo mais.

O medo, por si só, não é necessariamente um inimigo. As crianças devem ser ensinadas a temer o fogo, altura, corrente elétrica, venenos, instrumentos pontiagudos, bem como a amizade de estranhos. Contudo, o medo que nos leva a fugir do Criador ou nos distancia da oração e das Escrituras é definitivamente um inimigo. O medo paralisa, mas a fé energiza.

O lugar mais seguro do mundo encontra-se na Palavra de Deus, pois quando estamos debaixo de sua divina vontade, não temos motivos para temer. Como algumas pessoas bíblicas, podemos estar atravessando o mar Vermelho, ou num barco em meio a uma tempestade, ou ainda na iminência de sermos jogados no interior de um forno ardente. Porém, se estivermos motivados pelo nosso amor ao Mestre e formos obedientes à sua vontade, estamos seguros, e o Altíssimo cuidará de nós. "Deus é a minha salvação; terei confiança e não temerei" (Is 12.2). "O SENHOR é a minha luz e a minha salvação; de quem terei temor? O SENHOR é o meu forte refúgio; de quem terei medo?" (Sl 27.1). "Busquei o SENHOR, e ele me respondeu; livrou-me de todos os meus temores" (Sl 34.4). "Pois Deus não nos deu espírito de covardia, mas de poder, de amor e de equilíbrio" (2Tm 1.7).

Há muito a fazer antes de encontrarmos o Senhor, e ele tem equipado a cada um de seus filhos para que façam a sua parte na expansão do evangelho.

A fé conquista o medo e leva à obediência e à bênção. "...e esta é a vitória que vence o mundo: a nossa fé" (1Jo 5.4).

Paradoxo

15

O jugo que liberta

Então Jesus começou a denunciar as cidades em que havia sido realizada a maioria dos seus milagres, porque não se arrependeram. "Ai de você, Corazim! Ai de você, Betsaida! Porque se os milagres que foram realizados entre vocês tivessem sido realizados em Tiro e Sidom, há muito tempo elas se teriam arrependido, vestindo roupas de saco e cobrindo-se de cinzas. Mas eu lhes afirmo que no dia do juízo haverá menor rigor para Tiro e Sidom do que para vocês. E você, Cafarnaum: será elevada até o céu? Não, você descerá até o Hades! Se os milagres que em você foram realizados tivessem sido realizados em Sodoma, ela teria permanecido até hoje. Mas eu lhes afirmo que no dia do juízo haverá menor rigor para Sodoma do que para você." Naquela ocasião Jesus disse: "Eu te louvo, Pai, Senhor dos céus e da terra, porque escondeste estas coisas dos sábios e cultos, e as revelaste aos pequeninos. Sim, Pai, pois assim foi do teu agrado. Todas as coisas me foram entregues por meu Pai. Ninguém conhece o Filho a não ser o Pai, e ninguém conhece o Pai a não ser o Filho e aqueles a quem o Filho o quiser revelar. Venham a mim, todos os que estão cansados e sobrecarregados, e eu lhes darei descanso. Tomem sobre vocês o meu jugo e aprendam de mim, pois sou manso e humilde de coração, e vocês encontrarão descanso para as suas almas. Pois o meu jugo é suave e o meu fardo é leve." (Mt 11.20-30)

Quando trabalhava com José na carpintaria, com certeza Jesus ajudou na confecção e reparo de jugos, pois sem eles os agricultores teriam muito trabalho para cultivar as suas terras. Ao longo de todo o texto bíblico, o uso do jugo é um símbolo de escravidão (Dt 28.48; Jr 27; Gl 5.1), ao passo que remover ou quebrar um jugo significa liberdade (Jr 28.1-14). Quando os meninos judeus se uniam a um rabino para estudar a lei, dizia-se que eles estavam sob o "jugo do rabino".

O jugo que Jesus oferece nos leva à liberdade e não à escravidão, auxiliando-nos a crescer na vida cristã. A não ser que nos entreguemos a Cristo, não poderemos aprender dele e experimentar as bênçãos que apenas ele pode nos conceder. Em Mateus 11.20-30, o Senhor Jesus lida com três diferentes tipos de pessoas: a descrente (vv. 20-24), a desamparada (vv. 25-27) e a oprimida (vv. 28-30).

Juízo: Jesus e os descrentes (11.20-24)

Durante os três anos de seu ministério público, nosso Senhor demonstrou o seu amor pelas pessoas ao viajar de um lugar a outro alimentando os famintos, curando os enfermos e deficientes, libertando os endemoniados e até mesmo ressuscitando os mortos. Seus inimigos disseram que seu poder vinha de Satanás (Mt 12.22-30), porém foi Pedro quem teve o discernimento correto: "Tu és o Cristo, o Filho do Deus vivo" (Mt 16.16). Os que confiaram nele entraram em uma nova vida, mas os que o rejeitaram perderam o direito à vida eterna. Nesta passagem, Jesus acusa aqueles que não depositaram sua fé nele. Eles tinham ouvido a sua mensagem, haviam testemunhado os seus milagres, porém, mesmo assim, não creram no Filho de Deus para serem salvos. "Mesmo depois que Jesus fez todos aqueles sinais miraculosos, não creram nele" (Jo 12.37).

Cafarnaum, importante cidade naqueles dias, situava-se a oeste do mar da Galileia. Lá, Cristo realizou inúmeros milagres, mas o povo escolheu não acreditar nele. Nosso Senhor fez daquela cidade o seu quartel-general ("casa", em Marcos 2.1) sempre que ministrava na região da Galileia. Pedro e André eram de Cafarnaum (Mc 1.21, 29), bem como a sogra de Pedro, que foi curada por Jesus em sua casa (Mc 1.29-31). Na cidade também havia uma sinagoga. Em Cafarnaum, Jesus realizou inúmeros milagres: curou um homem possuído por um espírito maligno (Mc 1.23-38) e um paralítico (Mc 2.1-12), ressuscitou a filha de Jairo dentre os mortos, curou uma mulher com hemorragia (Mc 5.21-43), dois homens cegos (Mt 9.27-31) e um menino possuído por um espírito surdo e mudo (Mc 9.14-29). Corazim e Betsaida também eram importantes cidades naqueles tempos, mas, como Cafarnaum, não são mais.

Certamente há um desafio quando se leva o evangelho a cidades e grandes centros urbanos. Jesus não ignorou os moradores desses lugares, porém, tampouco os mimou. Houve um dia em que os cidadãos dessas cidades testaram a sua longanimidade e ele determinou o limite. Embora hoje existam cidades e metrópoles que jazem nas trevas, na maioria delas qualquer pecador em busca de salvação pode ligar o rádio ou a televisão e encontrar um programa evangélico. Bíblias são disponibilizadas mesmo em pequenos comércios ou drogarias, sem esquecer os quartos de hotéis. Há divulgação suficiente do evangelho em alguns anúncios de igrejas indicando o caminho da salvação. Nos dias de hoje, as pessoas que rejeitam Cristo estão pecando contra uma inundação de luz. É tarefa da igreja compartilhar as boas-novas de salvação com o mundo perdido e orar para que homens e mulheres, jovens e crianças coloquem sua fé em Jesus.

Graça: Jesus e os desamparados (11.25-27)

Nosso Senhor agora fala ao seu Pai e agradece pelo gracioso amor em prol do perdido e sua divina vontade de salvar os "pequeninos". Nos dias de Cristo, os líderes religiosos sentiam-se orgulhosos pelo conhecimento que tinham das Escrituras, pelo belíssimo templo de Jerusalém e pela assiduidade aos encontros semanais nas sinagogas. Os sacerdotes, escribas e fariseus eram "sábios e prudentes", porém mesmo assim não reconheceram o próprio Messias, e prenderam e crucificaram o Filho de Deus! Se eles tivessem se humilhado e se tornado tão desamparados quanto bebês, teriam sido salvos. Não são os orgulhosos vencedores que o Senhor salva, mas os humildes pequeninos que sabem que não podem salvar a si mesmos:

> "Irmãos, pensem no que vocês eram quando foram chamados. Poucos eram sábios segundo os padrões humanos; poucos eram poderosos; poucos eram de nobre nascimento. Mas Deus escolheu as coisas loucas do mundo para envergonhar os sábios, e escolheu as coisas fracas do mundo para envergonhar as fortes. Ele escolheu as coisas insignificantes do mundo, as desprezadas e as que nada são, para reduzir a nada as que são, para que ninguém se vanglorie diante dele" (1Co 1.26-29).

Você se classifica como um desamparado bebê pecador ou está tentando impressionar o Pai com sua conduta e caráter?

O Filho revela o Pai a nós: "Quem me vê, vê o Pai", disse Jesus aos discípulos (Jo 14.9). O que Jesus declarou e realizou, conforme registrado no Novo

Testamento, nos mostra a pessoa e a obra do Pai. Quando lemos que Cristo tomou as crianças em seus braços, vemos o Pai expressando o seu amor pelos pequeninos. Quando Jesus perdoa os pecadores, vemos o Pai, o Senhor do céu e da terra, perdoando-os e trazendo-os para o seio de sua família. O Pai tem concedido todas as coisas ao seu Filho (v. 27), e este, por seu turno, torna todas as coisas disponíveis aos nascidos de novo. "Aquele que não poupou a seu próprio Filho, mas o entregou por todos nós, como não nos dará com ele, e de graça, todas as coisas?" (Rm 8.32). Seja qual for a nossa carência, devemos pedi-la a Deus, pois ele "suprirá todas as necessidades de vocês, de acordo com as suas gloriosas riquezas em Cristo Jesus" (Fp 4.19). "O Pai ama o Filho e entregou tudo em suas mãos" (Jo 3.35; ver João 13.3).

Paz: Jesus e os sobrecarregados (11.28-30)

Chegamos agora ao nosso paradoxo: tomar o jugo concedido por Cristo permite encontrar descanso e liberdade em seu coração. Esse é o jugo que liberta! O teólogo britânico P. T. Forsyth escreveu: "O primeiro dever de cada alma é encontrar não a sua liberdade, mas o seu Mestre."[1] Eu moro em uma cidade cuja universidade é reconhecida por formar excelentes equipes de futebol americano. Como um estudante alcança notoriedade em qualquer esporte? Colocando-se sob a tutoria de um grande treinador. Submissão é o caminho rumo ao sucesso. Igualmente, nossa universidade possui uma excelente escola de música. Como estudantes tornam-se músicos de primeira grandeza? Submetendo-se à orientação e disciplina de talentosos instrutores e trocando a liberdade pela disciplina e crescimento. Então, um dia, eles desfrutarão da liberdade de tocarem com maestria porque seguiram os mestres corretos. O caminho rumo à liberdade é a obediência ao mestre correto. Para os cristãos, esse mestre é Jesus Cristo, o Filho de Deus.

Moisés deu ao povo de Israel uma regra sobre jugos que nos ensina um importante princípio espiritual: "Não are a terra usando um boi e um jumento sob o mesmo jugo" (Dt 22.10). A razão é óbvia: os dois animais são radicalmente diferentes e seria muito difícil eles trabalharem juntos. O apóstolo Paulo usou esta mesma regra para ensinar aos cristãos de Corinto que eles não deveriam se associar com os descrentes (2Co 6.11-18). Na lei judaica, o jumento era um animal impuro, enquanto o boi era considerado limpo. A mula

---

[1] FORSYTH, P. T.. *Positive Preaching and Modern Mind* [Pregação positiva e a mente moderna]. (Grand Rapids: Baker), p. 28. Veja também p. 71.

é impulsiva e independente, enquanto o boi é vagaroso e deliberado. Durante os meus anos de pastorado, testemunhei o jugo desigual trazendo dor e tristeza a casamentos e sociedades nos negócios.

Vivemos em um mundo agitado. Podemos viajar e nos comunicar mais rápido e melhor como nunca antes, porém, às vezes, pagamos um preço por tais privilégios. Não raro, médicos sensatos passam a perturbados pacientes uma prescrição de uma só palavra: "Desacelerem!" A vida era muito mais simples nos tempos de Jesus e você deve imaginar que todos deveriam ter um coração mais calmo. Contudo, aqui está o Mestre convidando a multidão a descobrir a curadora medicina de um coração descansado, em paz! Santo Agostinho estava certo ao escrever: "Fizeste-nos para *ti* e inquieto está *nosso coração*, enquanto não repousa em *ti*." *Podemos ir à farmácia e comprar uma pílula para dormir, porém não podemos adquirir descanso e paz. Nosso Senhor nos fornece quatro instruções que, caso sejam obedecidas, aquietarão o nosso inquieto e perturbado coração.*

Venham. Ir a Cristo significa submissão a ele e confiança nele como Salvador e Senhor. Não podemos ir aos fundadores das chamadas grandes religiões porque tais homens e mulheres estão mortos e nada podem fazer por nós. No entanto, Jesus está vivo e plenamente capacitado a nos auxiliar, independentemente de quão desesperadora possa ser a nossa situação. O paciente no hospital, o prisioneiro na cela, o mecânico sob o automóvel, a criança no parquinho, todos eles podem voltar-se a Jesus, exatamente onde estão e serão salvos pelo Filho de Deus. "E todo aquele que invocar o nome do Senhor será salvo!" (At 2.21, citando Joel 2.32). Na noite em que fui salvo, eu estava recostado à grande parede negra do auditório escolar, servindo como voluntário e ouvindo a pregação de Billy Graham. Enquanto ele falava, elevei o meu coração a Jesus e confiei nele, e ele me salvou! Não fui à frente, atendendo ao apelo do evangelista, e tampouco fui aconselhado, *porém eu fui salvo*! Simplesmente, me aproximei de Jesus pela fé, e ele me recebeu.

O imperativo "venham" implica que os pecadores perdidos estão indo na direção contrária, seguindo a multidão errada e agindo incorretamente. Os tais devem dar meia-volta, ir a Cristo e segui-lo. Ele é tudo o de que necessitamos e não há razão para buscarmos em outro lugar. Independentemente das circunstâncias, podemos dar meia-volta, confiar em Jesus e começar a segui-lo. Vá para o Senhor como você está e receba-o como ele é, deixando toda a sua bagagem pecaminosa aos pés da cruz, onde Cristo levou sobre si os seus pecados (1Pe 2.24). Se você carrega sobre os seus ombros um pesado fardo e tenta se livrar dele, suas obras jamais o salvarão. Somos salvos "não por causa de atos de justiça por nós praticados, mas, devido à sua misericórdia, ele nos salvou" (Tt 3.5).

Tomem. Nosso Senhor não força o seu jugo sobre nós, mas deseja que o aceitemos voluntariamente e que o usemos com alegria. Por quê? Porque isso nos levará a um relacionamento mais profundo com ele. Quando nos achegamos a Jesus pela fé, passamos a desfrutar de paz *com* Deus (Rm 5.1); e quando tomamos sobre nós o jugo de Cristo, recebemos a paz *de* Deus (Fp 4.6-7). Paz *com* Deus significa que nossos pecados estão perdoados e temos uma posição correta diante do Criador. Passamos a fazer parte da família do Altíssimo por toda a eternidade. A paz *de* Deus é a silenciosa confiança que nos invade de que ele está no controle e nada temos a temer. Paz *com* Deus significa que somos salvos, enquanto a paz *de* Deus significa que estamos seguros.

O que Jesus quer dizer com "tomem sobre vocês o meu jugo"? Isso significa aceitar a vontade de Deus e obedecer a ela. O Criador possui um plano perfeito para cada um de seus filhos e, quando obedecemos a esse plano, agradamos ao Pai, glorificamos o Filho e desfrutamos do ministério do Espírito Santo em nossa vida. Tenho encontrado cristãos que possuem a equivocada ideia de que a vontade de Deus é difícil de ser descoberta e perigosa de ser obedecida, que ela remove toda a alegria da vida cristã. Que tolice! Lembre-se: "Mas os planos do SENHOR permanecem para sempre, os propósitos do seu coração, por todas as gerações" (Sl 33.11). Como pode a vontade do Criador ser difícil de descobrir e perigosa de obedecer *quando ela virá do amoroso coração de Deus e é designada pessoalmente a cada um de seus filhos?* Falando de maneira geral, na Bíblia há ordens e advertências que devem ser obedecidas por todos os que creem, porém o Altíssimo também fala especificamente a cada um de nós, enquanto refletimos sobre a Palavra de Deus e oramos para conhecer a sua vontade. Ninguém tem um plano de vida igual ao outro; cada filho do Senhor possui um plano de vida original. O jugo do pecado é um pesado fardo (Sl 38.4), assim como o jugo da religião (Mt 23.4; At 15.10). No entanto, o jugo de Cristo é suave e seu fardo é leve. Além disso, Cristo usa o jugo conosco! O que mais poderíamos desejar?

Aprendam. Se queremos crescer em graça e nos tornarmos mais parecidos com o Mestre, nosso conhecimento sobre o Mestre deve crescer. "Cresçam, porém, na graça e no conhecimento de nosso Senhor e Salvador Jesus Cristo" (2Pe 3.18). Achegamo-nos a ele pela fé e Cristo se torna o nosso Salvador. Tomamos o seu jugo e Jesus se torna o nosso senhor. E, agora, aprendemos dele e Cristo se torna o nosso professor e nosso exemplo.

Isso não significa simplesmente comprar alguns livros e estudar a Bíblia com o auxílio deles, por mais que seus autores sejam importantes. Mesmo os não salvos podem fazer isso. Porém, significa lançar mão de toda ferramenta útil à nossa disposição ao abrirmos as Escrituras diariamente para estudar, meditar e experimentar o poder transformador da verdade de Deus. "E conhecerão a verdade, e a verdade os libertará" (Jo 8.32). Nosso Senhor passou três anos ensinando aos seus discípulos para que fossem capacitados a assumir o ministério terreno quando ele retornasse ao céu e, por sua vez, pudessem ensinar a outros. Três deles escreveram inspiradas biografias de Jesus, bem como outros escreveram inspiradas cartas sobre a pessoa, a obra e os ensinos de nosso Senhor. O Antigo Testamento nos fornece o pano de fundo histórico e profético dos eventos do Novo Testamento e, portanto, deveria ser alvo de nossa leitura e estudo. "O Novo está escondido no Antigo; o Antigo é revelado no Novo", escreveu Santo Agostinho.

É importante conhecermos melhor a Jesus à medida que aprendemos da Bíblia, por meio de estudos privados e de sua exposição em público. Isso não apenas nos edifica pessoalmente, como também nos propicia a iluminação e nutrição necessárias para vivermos piedosamente e sermos capacitados a ministrar aos outros. A Palavra de Deus é como um espelho no qual vemos tanto a nós quanto a glória do Altíssimo. Ao contemplar a glória de Deus nas Escrituras, somos transformados pelo Espírito Santo a fim de nos tornarmos cada vez mais semelhantes a Jesus (Tg 1.21-25; 2Co 3.18). Conforme a letra de um antigo hino, precisamos de "tempo para ser santo". Vivemos na *era da informação* e não podemos permitir que conversações e entretenimento superficiais, bem como leituras que nada acrescentam, roubem o tempo que devemos investir com o Senhor.

Encontrem descanso. Quando, pela fé, você vai a Cristo, ele lhe concede o descanso; e quando você toma o jugo de Jesus e aprende sobre ele, o Filho de Deus o ajuda a encontrar descanso para a sua alma, coração, mente e consciência. Esta é a "paz de Deus, que excede todo o entendimento" (Fp 4.7). Naquele aposento superior, Jesus disse aos seus discípulos: "Deixo a paz a vocês; a minha paz dou a vocês. Não a dou como o mundo a dá. Não se perturbem os seus corações, nem tenham medo" (Jo 14.27). Nos tempos de Jesus, o mundo romano era arrogante e brutal, porém nosso Senhor era gentil e humilde de coração — *e ainda é!* Embora ocasionalmente ele pareça nos machucar, a verdade é que Cristo jamais nos fará mal. O aparente castigo transforma-se em cura quando o Salvador nos disciplina para, então, aplicar o remédio de sua graça (Hb 12.1-11). O mundo falsamente promete nos dar paz por meio da distração, do entretenimento ou mesmo de sedativos, que nada mais são do que placebos temporários, incapazes de trazer paz duradoura.

Como um pai ou uma mãe acalma um filho amedrontado, assim nosso amoroso Pai celestial tranquiliza os seus filhos:

> "O SENHOR, o seu Deus, está em seu meio, poderoso para salvar. Ele se regozijará em você; com o seu amor a renovará, ele se regozijará em você com brados de alegria." (Sf 3.17)

Este é um retrato de nosso Pai celestial segurando seus amedrontados filhos em seu colo e cantando para eles! Sabemos que o Senhor Jesus cantou quando esteve aqui entre nós (Mt 26.30), e que o Espírito Santo entoa canções por meio da igreja em adoração (Ef 5.18-21), mas o profeta nos revela que o Pai também canta! Se nos rendermos ao Pai, ele nos tomará em seus braços e nos embalará, dando-nos descanso. Asseguro-lhe que esta promessa é plenamente confiável.

É fato que não conseguimos controlar as condições meteorológicas, as pessoas e as circunstâncias que nos cercam, ou ainda as perturbadoras notícias que lemos, ouvimos ou vemos. Nem sempre logramos gerenciar nossos sentimentos. No entanto, podemos controlar como lidamos com tudo isso. Como filhos do Pai celestial que ternamente nos ama, podemos responder ao convite do Filho e experimentar a verdadeira paz em meio à aflição, ao desapontamento e ao sofrimento. Cristo afirmou: "Venha, tome o meu jugo; aprenda de mim e encontre descanso."

Tomamos o jugo para sermos libertos. Jesus não nos concede paz ao invés da tribulação, mas paz em meio à tribulação! Ele usa as provações para nos amadurecer, não para nos causar danos.

"Venham a mim — e eu lhes darei descanso."